親子IQ密碼
——摸音樂、玩英文

Boosting IQ with music & playing

周家穎 ——— 著

華 品 文 創

目次

Part2 行動篇
零至五歲幼兒的感覺統合與七感英閱遊戲

○-3 歲

3-5 歲

由音樂與遊戲　提升孩子智商

　　在美國留學取得英語教育TESOL碩士學位後，我來到臺灣南部的一所大專院校任教，初期教授通識英文，後來被編制到幼保科，開始接觸幼保專業課程。每年學校都有專業課程的進修計畫，在大女兒出生後，我開始把所學到的運用在自己孩子身上，為了培養孩子，我接觸了許多坊間的課程。透過不斷學習理論並實踐應用，我希望這些經驗能提供新手媽媽們參考，減少走冤枉路，浪費不必要的金錢。

　　在我大女兒3歲時，小兒子剛出生，我每個月都會開一個多小時車去市區，帶他們去聽故事。這樣辛苦持續堅持了2年，但這份付出不僅讓孩子受益匪淺，我自己也從中學習了很多專業的實務技巧。當時，圖書館雖然有志工媽媽們的說故事活動，但僅僅停留在逐字唸讀故事的層面，因此，我向學校反應並得到支持，開設教授說故事技巧與應用的課程，並號召有意願當志工的學生向縣政府提出企畫書。學生們在我的指導下，成為縣立圖書館假日說故事的志工。這樣每月一次的說故事活動，竟然風雨無阻地進行了近10年，學生們也曾多次獲邀在縣府兒童節與故事志工媽媽培訓課程中表演，這對於志工學生們

是很大的榮耀與鼓勵。

在過去的10年中，我不斷在教學中成長，學生和孩子們也得到了很多的成長與回饋。然而，由於資訊不斷更新，我也發現很多教養方法其實已經過時，即使我不斷學習，還是不免犯下一些錯誤。在夜深人靜時，我會感到懊悔，為何會犯下這樣的錯誤，直到讀到英國小兒科醫師兼兒童心理分析大師溫尼考特給父母的建議：「不要完美，盡力讓自己夠好就好」，我終於釋懷。可是有些錯誤即使釋懷，卻不免遺憾，如果早知道這些訊息，如果時間可以重來……如果……我絕不會犯這樣的錯誤。因此，這些遺憾成為我寫這本書的動力，希望新手父母們能避免這些錯誤，因為幼兒早期的錯誤，會成為父母們一輩子的愧疚。

我有幸接觸了何惠玉老師的「當腦神經科學」遇上「正向親子教育課程」，這個課程點燃了我對腦科學的求知慾，我開始大量閱讀近年來美國腦科學的研究資料，包含美國腦神經科學權威Dr. Bruce Perry等，並結合這些年所接觸的親子課程，希望能夠為新手父母提供一個

在家就能實踐的方法，讓孩子根據腦科學研究成為更聰明的學習者。我深深期盼每個孩子都得到家長無限的愛護，並學習腦科學所提倡的正向教養方式，以確保他們的大腦得到健康發展，讓臺灣的下一代都能有健康且聰明的大腦。

由於我有英文教育的背景，也參與了政府親子共讀計畫的推廣，我從廖彩杏老師的《用有聲書輕鬆聽出英語力》中獲益良多。因此，在女兒五歲及兒子兩歲時，開始了英文繪本的親子共讀。這個方法不僅是網路上媽媽們最推薦且最容易執行的英文共讀方式，更透過大量播放CD讓音樂為孩子打造一個無形的英語學習環境。這樣的學習方式讓我的孩子們從小就累積了扎實的英文能力。此外，結合現今啟動大腦的七感遊戲，讓孩子在英文親子共讀的基礎上，透過遊戲感覺統合，同時配合故事音檔的播放，學習英文的同時也能提升孩子智商，

藉由音樂與遊戲來提升智商，這是一個非常快樂且有效的方法。

—— Boosting IQ with music & playing

Part 1 | 觀念篇

天才是天生還是
後天培養？

1 提高孩子智商的四個關鍵

關鍵一：年齡

Q1：何時是孩子聰明最關鍵的年齡？

根據美國腦神經科學的研究，嬰兒在出生後的3個月內已完成64%的腦部發育，3歲幼兒的大腦發育程度已達到85%。因此，如果在3歲之後才開始刺激大腦活動，就已經錯過讓孩子變聰明的關鍵時期。

在1967年美國炎熱的夏天，有一群心理學家在美國的貧民區發現了一個解決非裔美國人被社會排斥的方法。喬史巴林教授和他的團隊打破了傳統，從嬰兒時期開始進行早期教育，他們選擇了111名貧民區的新生嬰兒進行一項名爲Abecedarian啟蒙方案的早期教育實驗。這個方案利用當時最新的兒童發展科學理論，設計了數百個以孩子興趣爲主導的學習遊戲，對這群特定的新生嬰兒進行長時間的教育和觀察。

影片中一位名爲凱伊‧蓋提斯的主角，她16歲時懷孕，在生活困頓的情況下生下兒子——米夏。米夏幸運的在出生6週時被葛瑞格‧雷米（Prof Craig Ramey- Development Scientist）團隊選中，這群科學家讓他的腦袋一直忙個不停，把當年最新的兒童發展

研究理論濃縮成兩百個遊戲，每個遊戲都有隱含的議題，以孩子的興趣為前提，再給孩子一點點挑戰，讓孩子主導整個學習，米夏跟其他110名測試者一樣，定期接受智商測驗。

這群孩子在15個月前，他們與其他同齡孩子沒有明顯不同。但是在15個月時，這群孩子開始以不同的方式看待世界，並在2歲時出現了戲劇性的變化。研究團隊發現，如果在孩子3歲之後才介入教育，已經太遲了。當這群孩子進入學校教育系統後，他們不僅在智商上具有優勢，成績也較好，並且未來擁有更好的就業機會。

啟蒙方案的35年後，米夏‧蓋提斯接受專訪，他大學畢業後在紐約從事教職，他的求學生涯中總是被朋友叫「聰明人」或「書呆子」，不只智商的優勢，他還從早期教育中學會了遊戲的規則。

這個早期教育方案的介入對於這111名貧民區新生嬰兒的一生產生了深遠的影響，改變了他們原本既定的命運。這個方案後續也引起了美國腦神經科學領域的廣泛關注和投入。

美國國家地理頻道拍攝Born Genius影片

Q2：智商是天生還是後天培養？

如今，透過近年來美國腦神經科學的大量研究，終於可以找到這個問題的答案。然而，許多新手父母的觀念仍然停留在孩子「聽得懂再教」，或者認為「基因決定一切」。這樣的觀念讓孩子錯過了大腦發育最關鍵的時期。

贏在起跑點的年齡，一般家長普遍認為是孩子3歲甚至是小學階段。然而，這麼晚的起步對孩子學習帶來很大負擔與壓力。孩子課業跟不上時，只能在假日加強，評量一張一張寫。學習逐漸成為臺灣孩子及家長的夢魘，這正是臺灣教育體系中孩子普遍面臨的命運與無奈。

我們應該要知道，孩子智商的培養不僅僅是天生的。科學研究證明早期的教育和刺激，對於大腦的發育至關重要。透過適當的早期教育和正確的刺激，為孩子創造最佳的學習環境，讓孩子在大腦發育的關鍵時期獲得最大的發展潛力。

因此，讓我們放下過去的觀念，開始重視早期教育的重要性。透過提供適當的學習機會與刺激，幫助孩子在智商上取得更好的成果，並為他們的未來打下堅實的基礎。讓我們一同追求一個更健康、更全面的教育體系，讓每個孩子擁有更多時間去發展除了課業學習以外的興趣與追求夢想。

Q3：0歲嬰兒又聽不懂，該如何刺激大腦活動？

　　大約在2019年，縣政府發起了0歲親子共讀計畫。和往年不同的是，這次計畫僅限定0歲新生兒報名，每場親子共讀講座開放50對親子報名。對於講者而言，這是一場巨大的挑戰。往年的講座主要針對3歲左右的幼兒，而現在面臨的挑戰涉及到更艱難的年齡層和參加人數。即便對於經驗豐富的我來說，這仍是一個充滿敬畏和謹慎的挑戰。因為0歲的孩子幾乎沒有語言能力，如何為這年齡層的新生兒和家長進行親子共讀，並在一個小時的講座中讓50對親子家庭的嬰兒保持安靜，成了前所未有的難題。面對這個挑戰，我被迫重新學習和嘗試。

　　在網路上搜尋大量資料，並參考了歐美等先進國家的做法後，我發現音樂是最好也是最有效的方法之一，於是我報名了坊間所提供的音樂課程。雖然大多數的音樂課程僅針對1歲以上的幼兒，但也有一些歐美的音樂課程標榜著滿月的嬰兒就可以參加。我之所以報名參加這些課程，主要是想學習如何運用音樂與這個年齡層的孩子共讀。在經過3天的師資培訓後，除了學習實際的教學方法外，我驚訝地看到了許多腦科學相關的研究資料。這不是音樂課程嗎?我只是單純地想讓完全不具語言能力的孩子在進行親子共讀時，在有音樂陪伴下能保持安靜。然而，這次的培訓卻意外地引發了我對腦科學的興趣。

根據美國腦科學研究，音樂對大腦有著非常重大的影響。研究人員針對數十位音樂家的大腦進行研究，發現音樂家的小腦及胼胝體都比一般人大，儘管小腦僅佔10%的體積，但其中擠滿了比其他區域更多的神經細胞，能夠快速協調體內幾千條肌肉纖維的動作。胼胝體是連接左右腦的重要組織，對於鋼琴演奏家來說尤其關鍵。

　　基於這些研究成果，一個團隊從50位孩子開始學習樂器，並進行追蹤和測試，每年對孩子進行腦部掃描，以評估他們的靈活度和智力發展。在一年的時間裡，孩子的大腦開始出現變化，與沒有學習樂器的孩子相比，負責聆聽及分析音樂的腦區更加活躍。

　　我仍然記得在懷第一胎時，很仔細認真的看了大量的育兒書，並在懷孕期間經常在日本料理店點食秋刀魚。因為育兒書籍告訴我們「孩子多吃魚，才會耳聰目明」、「孕婦多吃魚，幫助寶寶腦部發育」，教養雜誌或書籍也都建議吃鮭魚或秋刀魚等中小型魚。一向不喜歡吃魚的我，為了孩子都甘之如飴。有一次，我在電視新聞中看到一位母親對著嬰兒床中的嬰兒唸著圖片字卡，她自豪地說著孩子會因此變聰明。那一刻，我內心升起了疑問，是不是對剛出生不久的嬰兒來說，這樣的學習方式有點辛苦呢？每個媽媽除了希望孩子聰明，也希望他們有一個快樂的童年，享受無憂無慮的時光，而不是被過早的教育壓力所困擾。作為母親，我希望孩子不僅能快樂成長，而且能有足夠的時間去探索自己的興趣和做自己想做的事情。

當我大女兒出生時，我請了一年的育嬰假，專心照顧孩子。在這段時間裡，除了親自哺乳和擁抱孩子，我還讓房間充滿輕音樂和兒歌，隨著音樂的節拍輕輕拍打孩子的身體。這是我在育嬰假期間與孩子度過最美好的時光。當時，我做這些事情並沒有特定的目的，只是因為這樣做讓我感到幸福。直到現在，通過學習美國的腦科學的研究成果，我才明白這些幸福的舉動對新生嬰兒來說是多麼重要，也為孩子日後成為資優生打下了厚實的基礎。快樂跟聰明並不矛盾，即使是忙碌的職業婦女，只要掌握一些腦科學的重要原則，孩子的未來都不會太辛苦。

根據近年來的科學研究報告，我們可以使用一些方法來刺激0歲嬰兒的大腦活動，即使他們尚未能理解語言。這些方法可以促進他們的感知和認知能力的發展。以下是一些經驗分享：

1. 多元刺激：提供給嬰兒多樣化的感官刺激，例如輕拍他們的手掌、輕輕觸碰他們的皮膚、以不同材質的物品輕觸嬰兒的肌膚、讓他們聆聽不同類型的音樂和聲音等。這些刺激可以幫助嬰兒建立感官神經連結，促進大腦發展。多讓孩子接觸大自然，大自然可以提供孩子多元的刺激，脫掉孩子的鞋子、襪子，讓孩子的腳踏踏草地，手摸摸花、草、樹木、河水，聽聽蟲鳴鳥叫，聞聞落葉花香，讓孩子的眼、耳、鼻、舌、觸覺都能沉浸在大自然中。

2. 互動遊戲與語言刺激：常對嬰兒說話、唱歌，模仿嬰兒發出
   的咕咕聲與其互動。這樣的遊戲不僅可以增進親子間的情感
   連接，還可以刺激嬰兒的大腦活動。除了和寶寶面對面的互動
   外，也可以常常讓寶寶在鏡子前與鏡中的自己互動，這樣的互
   動會促進鏡像神經元儲存特定行為模式的編碼（像鏡子一樣，
   觀看別人的行為，在腦中引發一連串反應，好像我們自己親身
   在做這些動作），例如：小猴子看著人類吃冰淇淋，身體雖然
   沒有任何動作，但是腦中的鏡像神經元卻開始運作，好像小猴
   子自己在吃冰淇淋，親子早期的互動也會培養孩子的同理心與
   自信心。
3. 音樂刺激：選擇不同類型的音樂讓嬰兒聆聽，包含節奏明快的
   音樂和柔和悅耳的旋律。嬰兒可以通過聆聽音樂來感受節拍和
   音準的變化，這對孩子的大腦發展非常有益。

關鍵二：音樂（節拍與音準）

Q4：常讓孩子聽兒歌，孩子就會變聰明嗎？

　　大多數父母都希望自己的孩子聰明並取得成功。雖然一些專家一直在推動編程課程（Coding），但最新研究指出音樂是讓孩子通往聰明的入口。編程課程可以幫助孩子提升數學及語言能力，然而，麻省理工學院進行的最新研究顯示，並在《神經科學期刊》發表，音樂對於孩子大腦發育有多麼強大的影響，他們在研究中發現，與未學習音樂的人相比，有學習音樂的孩子大腦產生了更多的結構與功能連結。這個發現對於任何需要通過密集、長時間培訓來提升領域及專業技能都很重要。研究人員對103名專業音樂家和50名非音樂家進行了腦部掃描，掃描完成後，進行了比較。他們發現，音樂家的腦部網路是「驚人的相似」。此外，與非音樂家相比，他們在與語言和聲音相關的領域中擁有更多的結構和功能連結。尤其音樂家越早開始學音樂，這些連結就越強。

　　當我們聽自己喜歡的音樂時，大腦會釋放多巴胺，使我們感到快樂。什麼樣的音樂風格有助於兒童的大腦發展呢？答案是重覆性高的音樂，像鄉村音樂及流行音樂等，有著重覆性高、易於記住和節奏明快等特質，都有助於大腦的發展。

許多父母會讓孩子經常聽兒歌，但僅僅依賴兒歌並不能確保孩子變得聰明。根據美國科學日報的報導，音樂中的節拍及音準確實可以激發大腦活動，可惜的是兒歌的設計都是爲了讓孩子朗朗上口，音域都會侷限在孩子可唱的範圍（大調Major Song），不會太高也不會太低，節拍也只有一種最簡單的Duple拍（二拍子），這樣的設計安排，很快就能看到成果，孩子在父母面前哼唱或隨音樂擺動身體。美國研究顯示，每個孩子與生俱來都有音樂潛能（Basic Music Competence），這個能力在孩子出生時最高，隨著年齡增長，漸漸減弱，到5歲時，就不再具有音樂潛能。孩子越晚學音樂，所保留的音樂潛能就越少，所以即使晚期密集的學習音樂，效果也不如較早學習的孩子。這個每個孩子與生俱來的潛能，讓孩子一聽到音樂就會不由自主擺動身體，或哭鬧時聽到音樂就會安靜，但若孩子過了5歲才學習音樂，音準跟節拍都不容易掌握，就容易成爲音癡。可惜的是，因爲兒歌的設計太過簡單，沒有給孩子更多元的音域及節拍的刺激，特別是在新生嬰兒，因爲還不具備語言能力，當兒歌裡的語言，只是不具任何意義的噪音時，太過簡單的節拍及音準是不夠的。

Q5：如何讓大腦接收節拍及音準？

單純聆聽音樂是無法將音樂導入孩子腦中的，孩子需要透過觸覺和互動來感受音階及節拍的變化。家長可以自己哼唱和在孩子身上打節拍，讓孩子更直接地體驗音準和節拍的變化。

很多家長會習慣讓孩子聽某一種類型的音樂，例如：我很喜歡聽綠鋼琴的音樂，這樣輕柔悅耳的音樂我覺得很適合寶寶，莫札特的音樂聽說會讓孩子聰明，所以常常播放這二種類型的音樂。但根據研究侷限在同一類型的音樂是不夠的，多元種類、不同曲風的音樂才能給予神經元更多的刺激，豐富多元的音樂再搭配母親自己哼唱及在孩子身上拍打節拍，這樣才能將音準及節拍導入孩子腦中，在後面的行動篇，會有詳細的說明及示範，親子只需照著做即可。

Q6：搖籃曲——父母與孩子的連結

澳洲墨爾本大學的Dr. Collins博士，在《The Lullaby Effect 搖籃曲效應》一書中表示，嬰兒的聽覺實際上是在他們生命中的頭兩年最重要的感覺，這種感覺收集了關於他們世界的最多訊息，只要抱著孩子，看著他們的臉，搖晃他們，讓他們感受到節奏和動作，如果有人唱歌，嬰兒會更快入睡，這是因為當有人為他們唱歌時，他們所感受到的情感的聯繫。「將更多的歌唱融入日常生活中，打破他們可能不會唱歌或無法唱歌的觀念。」——對於孩子來說，父母的聲音最重要。無論您的歌聲如何，媽媽的聲音是寶寶最熟悉的，在眾多吵雜的聲音中，寶寶唯一可以立即辨識，在即將入睡前，最想聽到也最能撫慰入眠的聲音。

專家表示，唱歌有助於讓嬰兒和父母平靜下來，並形成一種睡前儀式。「搖籃曲讓嬰兒能夠建立平靜、舒緩和入睡的神經通路」，這在生命的最初幾個月尤其重要，因為此時大腦通路正在建立。「搖籃曲是一種外在的例行公事，它成為一種內心平靜的途徑。」

所以請媽媽在孩子睡前，親自為您的孩子清唱搖籃曲或在CD音檔的協助下（音量調低）哼唱，並在孩子身上拍打節拍，試著比較看看，這樣的方式是否比單純播放CD更容易讓寶寶入眠。

Q7：聽想音（Audiation）——訓練寶寶用大腦唱歌

愛德溫‧高登博士Edwin E. Gordon在1980年出版的《Learning Sequence in Music: A Contempoary Music Learning Theory音樂學習步驟：現代音樂學習理論》一書中完整的闡述了有別於傳統方式的一種新的教學理論，奠定了他在近代音樂教育上重要的地位。聽想音（Audiation）這個專用詞是高登從Aud（聲音）與Ideate（想，得到想法）兩個字根結合而成的。他認為聲音必須在大腦內經過認知的過程，才能繼續進行其他的學習步驟。聽想音是一種訓練寶寶「思考音樂」用腦唱歌的技巧。「你有沒有被罰抄寫課文的經驗？把課文上的文字謄寫到簿子上，完全不需經過大腦思考。」這樣的經驗，和你坐在電腦前，絞盡腦汁的寫出一篇文章是不同的。「沒有經過思考」的音樂就像是寶寶無意識地模仿您唱歌。以《二隻老虎》這首歌舉例來說，當孩子已經聽得滾瓜爛熟後，就可以開始聽想音的訓練，部分的歌詞可以省略，而以安靜不唱或只用嘴型帶唱不發任何聲音的方式進行。例如：「二隻老虎、二隻老虎、○○○、跑得快」，○○○的部分就不唱，當寶寶對這首歌夠熟悉，沒有聲音的部分，反而會讓大腦啟動思考，跑得快的歌詞及旋律就會在大腦中浮現，每次變換不同歌詞消音，常常帶孩子練習，當孩子不再是無意識地跟唱，訓練大腦唱歌就會讓大腦忙個不停。

關鍵三：互動

　　網路上有一個TED的影片，僅在過去的一年內就吸引了超過545萬次的觀看次數。影片中由一位Molly Wright 的7歲小女孩講述了早期教育的重要性，以及它對孩子未來的影響（主題爲How every child can thrive by five如何在孩子5歲前啟發大腦）。影片中指出，成年人可以透過幾種有力的方式來塑造孩子未來的樣貌，在孩子一歲時，他們的大腦體積已是出生時的兩倍，而在五歲時，大腦的發育已完成90%。此外，每秒鐘有一百萬條神經元之間的連結形成。孩子的大腦健康發展取決於以下五個方面的合作：1.連結（connecting）2.交談（talking) 3.玩耍（playing）4.健康的家庭環境（A healthy home）5.社區（community）。

　　影片中提供了三個遊戲，這些遊戲有助於幫助孩子健康成長：

1. 模仿遊戲（Copycat game）：模仿孩子發出的聲音或動作，就像一面鏡子，讓孩子看到你在學習他們的動作。這個遊戲有助於培養孩子的同理心及創造力。

2. 喚名遊戲（Naming game）：指著孩子，叫孩子的名字，然後指著自己叫自己的稱謂，或以物命名，例如：指著貓咪說「貓咪」，這個遊戲有助於累積詞彙及並提升孩子的注意力。

圖一：躲貓貓遊戲

圖二：絲巾蓋頭躲貓貓

3. 躲貓貓遊戲（Peekaboo game）：用手掌遮住臉，然後再打開，或使用絲巾、手帕等，讓臉再次露出。這個遊戲有助於建立記憶力及信任感。

　　大人陪著孩子說話、玩耍、讓孩子發出笑聲，不僅建立及加強與孩子間的關係與心理健康，也教會了寶寶一些最重要的生活技能，如交朋友，甚至未來組成自己的家庭。

TED影片：How every child can thrive by five

Q8：鏡像神經元

　　寶寶出生到6個月時，只要聽到其他嬰兒的哭聲，也會放聲大哭，這是1990年由Giacomo Rizzolatti發現的鏡像神經元的作用。寶寶與生俱來就有模仿臉部表情與自動回應的能力，當您對著寶寶微笑時，孩子也會自動對您微笑，即使您讓寶寶看著相片中一張微笑的臉孔，孩子也會有微笑的反應。當您看到有人即將跌倒撞到旁人的腳，您會本能的出現縮身並抽腿的反射動作，這都是因爲鏡像神經元的作用，這樣的同理心也是信任感的基礎，是孩子未來人生成功關係的重要基石。互動會讓大腦生長及神經元連結，尤其在幼兒早期，更是至爲關鍵。韓國曾發生震驚社會的延和國小8歲女童分屍案，其中一名未成年兇手在小時候被診斷出有精神疾病，她缺少鏡像神經元的神經，因此無法感受他人的痛苦或任何感受，這也是失能家庭的孩子，日後較大機率成爲社會隱憂的最根本原因。語言的學習也需要鏡像神經元，孩子不只模仿大人的語言及動作，也會模仿說話的情緒。美國研究若只是讓孩子坐在電視機前學習，這是無法讓孩子了解語言該如何使用、語言的情緒及與社會關係的連結，缺乏互動及互惠的學習，將導致語言學習的嚴重受損，甚至知識型的電視節目，也會越看越笨的主因。

Q9：面無表情實驗（Still-Face Experiment）：依附關係

　　早在1970年代，美國哈佛大學Edward Tronick 博士發表了舉世聞名的面無表情實驗（Still-Face Experiment），實驗中，母親坐在她一歲孩子面前與她玩耍，接著向孩子示好，孩子也給予回應，孩子會用手指指向各個地方，母親也會看向孩子指引的方向，跟她互動，建立情感的交流，這是他們習慣的模式。接著母親被要求不要回應孩子，只是面無表情的坐在那裏，孩子開始感到不安，開始嘗試所有的方法想得到母親的回應，特意對母親微笑，以他們常有的互動方式，手指指著一個方向，卻得不到母親以往的回應，孩子開始不安，會把雙手放在母親面前，用肢體表達，到底發生了什麼事？孩子開始尖叫，像是在控訴，媽媽到底怎麼了？為什麼變成這樣？您為什麼都不理我？整整二分鐘，他們處在負面的情緒中開始感到壓力，孩子甚至失去了控制肢體的能力，情緒瀕臨崩潰。這個實驗說明了依附理論的相互關係由嬰兒期就已經開始建立，同時這個實驗也驗證社會關係中「面無表情」會引發嬰幼兒的負面情緒及行為。在母親對孩子毫無反應的這段時間，孩子的心跳加速，體內壓力激素增加，如果持續下去，孩子大腦關鍵部位的細胞可能死亡，這將帶給孩子一輩子無法復

原的傷害。嬰幼兒對外界環境是極度敏感的，並且有回應的能力，他們會被身邊周遭環境的情感交流或是社交所影響，一個健康有良好互動的童年，對孩子的一生有非常重大的影響。

面無表情實驗Still-Face Experiment影片

Q10：是否該讓孩子提早入學或學習課程？

　　互動和肢體碰觸是啟動神經元連結的關鍵，再優秀的師資都比不上父母，在眾多聲音中，父母的聲音是孩子最熟悉的也最想聽到的，即使是小班制的課程中，孩子可得到的互動也遠遠不及父母一對一的關注，所有的孩子都希望學習是透過父母。還記得當孩子小時候，我會大老遠開車到市中心，就為了讓孩子聽一小時大師級說故事，雖然也會親子共讀，但總覺得自己技巧不如大師，所以還是花錢並舟車勞頓的就為了給孩子最好的。甚至有一次，還特地到台北參加一場天后級的英文故事活動，還記得當時轉高鐵、捷運並步行約10分鐘、拎著大小包行李爬上5樓教室，這麼大費周章地都只為了給自己的孩子最專業的學習。可是驚訝的是，有一天晚上，我3歲的兒子在聽完床邊故事後，很甜蜜地告訴我：「媽媽，我覺得妳說的故事最好聽，我最喜歡聽妳說故事」。當我女兒在國中完全不背英文單字及文法的情況下，國中會考英文成績A++時，她也告訴我，最感謝媽媽在她小時候讀英文繪本，這是孩子童年最快樂的時光，即使孩子長大後，都還記得親子共讀時的美好時光，觀摩大師的授課增進了自己的技巧，但無論再厲害的大師，都取代不了媽媽在孩子心中的地位，即使技巧有待精進，這甜蜜的回憶會一輩子留存在孩子心中。

Q11：3C知識型影片播放，是否可提高孩子智商？

　　美國研究發現讓孩子觀看一小時知識型兒童節目Baby Einstein（寶寶愛因斯坦），與沒有觀看節目的孩子相比，減少6-8個單字量，雖然這套節目標榜會讓孩子變天才，但這套節目的實驗結果是，孩子真的像愛因斯坦一樣，到四歲都還不會說話，後來迪士尼公司接受購買影片的家長可以退費，但始終不承認他們的標榜有任何問題，研究顯示，平均有40%的孩子會觀看電視，90%的美國孩子一天會觀看2-3小時，特別是包含暴力的內容，這對孩子的傷害很大，也會降低同理心，從小觀看暴力影片的孩子，有較高的暴力傾向。「看電視會變笨」，大家可能都聽過這樣的話，這不是恐嚇，而是有科學根據的。

　　這與你被動接收訊息時，大腦處理的圖像、聲音和動作的快速變化有關。看電視時不會與眼前所看到的內容進行互動、訊息交換，同時也會延長身體坐著不動的時間。早在2013年日本東北大學的神經科學家竹內光的研究中就指出，看電視的時間越長，人可能變得越笨。他發現大腦中的下丘腦及前葉區域有增厚的趨勢，這代表情緒回應與語言推理能力會降低。簡單來說，因為電視無法跟人有互動，所以即使是知識型的內容，也會越看越笨。

比爾蓋茲的孩子玩手機嗎？微軟創辦人比爾蓋茲及蘋果創辦人賈伯斯都會限制孩子使用手機年齡，賈伯斯家中甚至沒有iPad，使用手機與沒使用手機的孩子大腦活動區域明顯不同，兒童時期的大腦正在發育，孩子需要在現實生活中，透過眼、耳、鼻、舌、觸覺等感受真實的世界，當孩子過度使用手機，容易使孩子減少動腦、動手及與人互動，導致孩子大腦中管理情緒、邏輯思維、想像力與專注力的區域得不到正常的發育。因此，孩子上學後，就出現缺乏自主性、思維、邏輯推理能力與愛發脾氣的情況。

關鍵四：肢體碰觸

　　感覺統合的七感包含：視覺、聽覺、嗅覺、味覺、本體覺、觸覺及前庭覺，當中又以本體覺、觸覺及前庭覺對大腦刺激最為重要。前庭覺的刺激可以透過與孩子共舞的方式實現，讓孩子感受身體在空間中前、後、左、右、上、下和旋轉等方向的變化。本體覺是指內在骨骼、神經及肌肉的觸覺，因此觸覺包含了本體覺及觸覺兩部分，在孩子尚未具備語言能力時，觸覺的刺激就顯得格外重要。缺乏嬰幼兒早期觸覺和互動會對大腦造成嚴重損害。

　　右圖（圖三）是美國腦神經科學對缺乏互動及觸覺刺激的孩子（圖片右側）所做的PET scan，與圖片左側正常大腦的比較，缺乏互動及肢體（觸覺）刺激的孩子，大腦明顯萎縮，腦中也可清楚看到很多損傷。

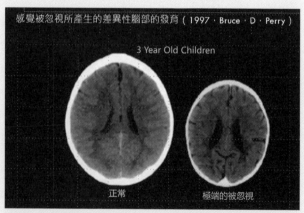

圖三：資料來源：Bruce D Perry/The child Trauma Academy, Originally Published by The Sun.

以下圖片（圖四）是羅馬尼亞孤兒院的孩子（圖右）與同齡正常孩子（圖左）的大腦比較圖，圖右清楚看到大腦有很多損傷，因羅馬尼亞政府強制提升人口政策，造成很多家庭無力扶養，便把孩子遺棄在大型孤兒院，這項政策造成了超過17萬名的孤兒，這些孤兒雖然都有基本照護，但卻經歷了可怕的社會性和情感的剝奪，沒有人陪他們玩，沒有人抱他們，沒有人和他們說話，如果在大腦發育的敏感期沒有受到必要的刺激，相應的神經連結沒有形成，那麼將對孩子的大腦及心智產生毀滅性的影響。簡單來說，對新生嬰兒而言「愛」是大腦成長最需要的養分，也是孩子聰明的基礎。

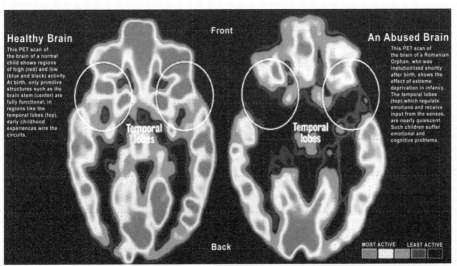

圖四：羅馬尼亞孤兒（圖右）與正常孩子（圖左）大腦比較圖，在PET掃描下，右圖羅馬尼亞孤兒大腦中的顳葉Temporal lobes，清楚可見很多空洞，顳葉是大腦調節情緒及接收感覺區，顳葉受損會導致孩子一生面臨情緒及認知問題。（圖片來源：Bruce D Perry）

Q12：老一輩都說，不要常抱孩子，先讓孩子哭一會兒再抱才不會寵壞，是否正確？百歲醫生派與親密育兒派的主張，哪一個是對的？

觸碰被視為身心健康的重要要素，寶寶的教養通常是家庭中引爆衝突的導火線。面對哭鬧的幼兒，婆婆可能說：「嬰兒哭就給他哭，一哭就抱會寵壞……」，公公則說：「唉呦，哭成這樣還不趕快去秀秀……」，婆婆公公各有一套，到底百歲醫生與親密派的主張，哪一個是對的？

根據2016年美國疾病管制與預防中心的研究報告指出，大約每七個孩子中至少有一個曾遭受虐待或忽視，也因此讓社會付出了極高的代價。

Paul Tough在《幫助兒童成功：什麼有效、為什麼》一書中整理了神經科學與心理學的研究，指出即便是輕微的「忽視」對腦部發育也有負面的影響。有越來越多的證據指出「忽視」，也就是父母親或照護者對嬰幼兒欠缺「發球（serve）與回擊（return）」式的回應，是兒童健康發展最嚴重的威脅之一。特別是在嬰兒期經歷「忽視」，甚至比體罰造成更長遠的傷害。

在「忽視」的兩端，心理學家認為輕微的「偶爾忽視」這種最溫和的「忽視」形式，實際上是有正面效益的，因為孩子不會一直是父母

關注的焦點，孩子學會自我娛樂。另外一端則是「嚴重忽視」，需要兒童福利機關介入的虐待兒童案件。在這兩者之間還有「刺激不足」（under-stimulation），父母就是不常和孩子以積極、面對面、「發球與回擊」的形式互動，例如，大人顧著聊天而忽略孩子的哭聲或動作，或者連續幾個小時把孩子放在電視螢幕前面。

　　神經科學家發現，即使是這一種程度的「忽視」，對腦部發展都有深遠而持續地影響。「忽視」會影響前額葉皮質，導致壓力反應系統減弱，對情緒、行為以及社交產生困難。經歷過「慢性刺激不足」的孩子傾向於花少一些時間跟其他孩子進行社會性互動，他們在認知以及語言發展的評量中落後，還有「管控功能」的問題。經常跟注意力的調節搏鬥；在老師和父母的眼中既不專心又過動，在學校裡難以聚焦。

　　腦神經科學家發現，壓力對兒童發展產生重大影響，無論是忽視、虐待或其他形式的創傷。這些都會對嬰兒與兒童發育中的腦部傳遞了環境不穩定、難以預測、而且混亂的訊息。特別是在嬰兒期階段，孩子的腦子正在試圖理解世界的模式。如果孩子處於一個充滿不穩定性、難以預測和紊亂的訊息，孩子的大腦和「壓力反應系統」持續啟動。這使得這些孩子從小就習慣保持戒備狀態，隨時準備應對不穩定的情況。

　　環境對腦部發展的影響遠遠超出我們的想像。有一項研究探討了不涉及暴力的父母爭吵如何影響嬰兒的發育，研究者使用功能性

磁振造影機（functional Magnetic Resonance Imaging，也就是fMRI）掃描了正在睡眠中的6到12個月大的嬰兒腦部。科學家可以觀察到不同刺激如何啟動嬰兒腦部的特定區域。研究人員還播放了一段毫無意義但充滿憤怒情緒的錄音。同時要求嬰兒的媽媽填寫一份問卷，詳細描述夫妻之間的爭吵頻率等家庭環境。研究結果顯示，如果媽媽在問卷上表示爭吵不頻繁，則嬰兒對於憤怒聲音的反應相對平靜，然而，如果媽媽在問卷上表示經常吵架，則fMRI顯示嬰兒的大腦在情緒、壓力反應、以及自我調節等區域顯示出活躍的活動模式。

儘管「忽視」和「虐待」對孩子的影響極為嚴重，但研究顯示，如果父母親的教養行為改變的話，某些傷害性行為帶來的影響可以被減輕甚至扭轉。如果我們希望改善弱勢兒童的早期生活，有相當多的證據顯示，可以著重於成年人對待兒童的態度與行為。陪伴、關注、對孩子眼神聲音和動作做出回應，對於幫助兒童建立安全感和正向情感關聯至關重要。同時，嘗試在適當的時候「偶爾忽視」即實踐「足夠好的媽媽（good-enough mother）」的概念，這意味著保護孩子同時不要過度干涉，滿足他們的需求，但隨著孩子成長與應付逆境的能力增強，逐漸延遲滿足需求。

百歲醫生派及親密育兒派的主張都只對一半，原因在於孩子的年齡，越小的新生嬰兒，若讓他一直哭而不予理會，「忽視」會讓孩子腦部的壓力反應系統持續啟動，造成孩子日後注意力不集中及社會性互

動的困難，所以在新生嬰兒早期，孩子因飢餓、不適等哭鬧，家長必須立即給予回應，建議媽媽有空要常常抱抱孩子，有規律地搖動或輕拍孩子會讓孩子感覺安全，這樣規律的節奏和調節會讓孩子感覺溫暖及愛，媽媽身上的味道、肢體觸碰及聲音都可調節孩子的大腦，孩子大腦健康的根本就是節奏與調節，隨著孩子成長與應付逆境的能力增加再逐漸延後滿足，這是美國腦科學最新研究資料所給予的建議。

　　基於上述研究基礎，我們可以在嬰兒的早期努力滿足他們的需求，嬰兒大約3個月大之後，可以考慮根據情況適當地稍稍延遲滿足需求，以幫助他們建立更好的自我調節能力。

2 各年齡層可提高孩子智商的活動

 0-3歲

嬰幼兒按摩：0-6個月

嬰幼兒按摩有以下好處：

1. 增進孩子正向情緒，促進神經發展。

2. 親子建立親密感及安全依附關係。

3. 促進感覺統合，刺激嬰幼兒的前庭覺及本體覺。

4. 睡眠品質較佳。

5. 促進血液循環（特別是腦部邊緣體及海馬迴體等區域之循環）。

6. 加速腦部連接細胞元之突觸增生，健全腦部發展（使孩子更聰明）。

嬰幼兒按摩被認為能透過大量的互動及肢體碰觸來促進孩子的智力發展。然而，一般嬰幼兒按摩時，通常是以兒歌或輕音樂作為背景音樂，這樣的音樂太過簡單或無關觸覺碰觸。需要注意的是，音樂的節拍和音準是音樂能否導入大腦的關鍵。

正確做法應該是讓每個按摩動作都在節拍點上，隨著音樂，母親自己哼唱，母親的示範會讓孩子想試著模仿，即使還無法開口唱，但會想試著發出咕咕聲，這樣的示範是啟動音準練習最好的方式，當孩子發出咕咕聲時，家長可試著模仿孩子的咕咕聲與其互動，刺激神經元的連結。觸覺除了節拍的傳遞，也可以藉由按摩身體部位，讓孩子感覺音準的高低。

感覺統合遊戲

　　嬰兒生命的前六個月是一段奇妙的時期，因為他們從一個低頭的新生兒變成了一個可以坐著玩耍的小人。在大腦發育最快速的關鍵時期，刺激孩子的大腦並提供他們探索的環境，可以幫助他們學習。「感覺統合」顧名思義是將人體的七大感官系統：包含視覺、聽覺、嗅覺、味覺、觸覺、本體覺及前庭覺加以整合，進而做出適當的反應，在七種感官系統中，觸覺、本體覺及前庭覺對嬰兒的影響最大，孩子可以透過觸覺與父母建立依附關係（建立安全感），新手父母和新生兒互動，並進行簡單的遊戲，來刺激孩子的大腦活動。

＊感統遊戲應該何時進行？

　　每個人都有不同的時間表，避免在孩子感到疲倦時進行，例如：小睡前或就寢前，您不會希望孩子因此變得過度刺激和暴躁。

＊感統遊戲應該多久進行一次？

　　應該每天和孩子一起進行感統遊戲，遊戲也不必複雜。

　　盡量利用家裡現有的東西，例如：從母乳、奶粉及副食品開始，每次餵食後留一點讓孩子玩，可在澡盆或浴室中進行，方便事後清洗及清理。

＊如果孩子不喜歡感統活動怎麼辦？

　　如果孩子不喜歡感統活動，也沒關係。我建議您在短時間內繼續進行感統活動。一開始讓孩子進行較短時間的感統活動，可以讓他們適應尚未習慣的事物。感統遊戲和活動是嬰兒發育的重要部分。鼓勵孩子體驗新事物對他們的成長非常有益，而且也會成為親子間美好的回憶。

＊不同感官如何統合？

　　以鳳梨為例：孩子看見鳳梨的顏色及形狀（視覺），聽到手划過鳳梨葉的吱吱聲（聽覺），聞到鳳梨的香味（嗅覺），摸到鳳梨刺刺的感覺（觸覺），手捧鳳梨的重量，看到鳳梨切片後的不同，手摸切片鳳梨的觸感，品嚐鳳梨的口感（味覺），評估自己與鳳梨的距離，評估抓取的方式，將這些感覺加以統合，鳳梨依不同感覺的輸入，在大腦中統整出對鳳梨的各種印象。

親子瑜珈

　　促進肢體發展及培養安全感與自信外，增進腦部發育，特別是瑜珈中有很多促進前庭覺的動作，例如：左右搖晃、旋轉的動作、輕搖哄睡、小飛機遊戲（成人躺下），從孩子的腋下把他抱得高高的並且輕輕地上下、前後、左右搖晃、改變三度空間位置，就能提供前庭覺刺激。

圖二十一：小飛機遊戲

圖二十二：左右搖晃旋轉

嬰幼兒體適能

　　體能運動不僅可以鍛鍊身體各部位肌肉，還可以促進大腦發展提升智力，美國小兒科醫學會建議媽媽從寶寶出生開始，每天挪段固定時間讓寶寶趴在媽媽肚子上，如此可以強化本體覺(寶寶在趴的時候需要撐起上半身，此時肩膀、肩胛、頭部和上背部的肌肉會收縮而刺激本體覺)、促進自我調節、漸少哭鬧等好處。

＊趴臥時間（Tummy Time）

　　媽媽從寶寶出生開始，每天挪出一段固定時間讓寶寶趴在媽媽肚子上，並協助寶寶進行Tummy Time 活動，「Tummy Time」包括趴著以及匍匐前進等，寶寶在活動過程中，可以藉由「抬起頭」、「挺胸」來學習控制頭部動作與鍛鍊頸、背、肩的肌力，同時可以促進視覺發展、提升平衡感。

　　這些運動就像大人的慢跑一樣，可以促進腦部血液循環、加速腦神經發育。六個練習「Tummy Time」的好方法：

1. 親餵：特別是後躺餵（趴著喝奶）。
2. 抱的姿勢：直立抱著寶寶往後傾，讓寶寶的肚子貼在自己的肚子上。
3. 把寶寶放大腿上。

4. 放床上：大人臉部跟寶寶保持水平，可在寶寶腋下放哺乳枕，在寶寶面前擺鏡子或玩具吸引寶寶的注意。

5. 瑜珈球：等寶寶大一些，可以讓寶寶趴在瑜珈球上，輕輕搖晃。

6. 趴在軟墊上，抓住軟墊一側，順時鐘或逆時鐘旋轉軟墊，前、後、左、右加速移動軟墊，各種方位刺激前庭功能。

7-12個月的寶寶，爬行、貼地爬、手膝並用爬樓梯，都是很棒的有氧運動，可以促進腦部血液循環、加速腦神經細胞發育。孩子在一歲前養成規律運動習慣，除了可為下一階段發展鋪路，也會幫助大腦分泌多巴胺與血清素，穩定情緒，幫助入眠。

介紹二種體能活動：

1. 鏡子或玩具：讓寶寶呈站立姿勢，挺直背部，媽媽雙手下移至寶寶髖部或膝蓋位置，讓寶寶用自己的力量把背部挺起來，面對鏡子或觸碰玩具。

2. 呼拉圈：讓寶寶面向自己抓住呼拉圈，寶寶手握呼拉圈，將呼拉圈緩慢升起，將呼拉圈抬高到寶寶雙手可伸直的位置，訓練寶寶抓握能力、肌力及臂力。

＊舞蹈

嬰兒在母親子宮內成長，是個持續移動的經驗，所以當寶寶哭泣時，搖動嬰兒床，會讓寶寶感到安穩、放鬆，彷彿回到母親的溫暖與保護中而停止哭泣。揹巾共舞或雙手抱著寶寶與寶寶隨著音樂貼身跳舞，會讓寶寶情緒穩定，增加親密感。

＊球類運動

讓寶寶坐在大球上，面對自己，雙手扶穩寶寶，用彈跳方式上、下擺動，左、右旋轉，媽媽應採溫和的方式，讓寶寶逐漸習慣在大球上運動，避免猛烈搖晃嚇到寶寶。跟寶寶面對面傳球、拍球及讓球在身體上滾動都是很好的運動。

＊游泳

在嬰兒時期，寶寶只要碰到水便會自動閉氣，但實際上，寶寶其實不會怕水，在此階段更容易學會游泳的閉氣。反觀，2歲後的幼兒常出現怕水情形，建議以戶外游泳池為佳。寶寶游泳除了骨骼肌肉訓練外，還能刺激大腦神經系統的發展，因為大腦控制四肢的運動能力，對寶寶視覺、聽覺、觸覺及前庭覺之感覺統合發展很有幫助。

髒ㄅㄅ遊戲

根據皮亞傑的發展理論，兒童從0-8歲處於兩個不同發展階段，0-2歲的感覺運動階段和2歲到7、8歲的前運算階段。在這兩個階段，通過實驗和探索環境來進行遊戲對於發展非常重要。在玩樂中，小朋友經常會把物料和素材弄得混亂，甚至會把自己弄得髒ㄅㄅ。當孩子透過遊戲建立新的規則及發現後，他們會創造新的大腦路徑及連結，透過感官的體驗建立令人難以置信的大腦連結並刺激認知發展。

益處：

1. 刺激感官發展——孩子有機會接觸不同材質、顏色、氣味及口感的素材，如麵粉、泡泡、燕麥、水、水果等，有助於視覺、觸覺、味覺、嗅覺等發展。

2. 培養自主學習能力及好奇心——家長只需準備材料（麵粉、豆子等），提供不同的工具（湯匙、夾子、吸管、碗、杯子、篩子等）讓孩子自己選擇，任由孩子隨意探索，例如孩子可將麵粉堆疊或湯匙舀入碗中，麵粉過篩，觀看麵粉像雪花飄落等，家長只需在旁觀看，必要時協助，即使錯誤的玩法，例如孩子把豆子放篩子上，豆子雖無法過篩，但孩子從過程中會自己領悟一些道理，並發展出自己的規則，嘗試錯

誤，在錯誤中學習，整個不斷嘗試的過程是最好的學習，如果家長立刻告訴孩子要如何玩，如何做，反而扼殺了孩子冒險的精神與好奇心。

3. 勇於接收新事物——孩子對某些質感的東西會害怕抗拒，例如黏手的漿糊，藉由多元材質的物品，鼓勵孩子多接觸，也藉由玩伴的相互影響，讓孩子勇於嘗試。

4. 訓練手眼協調和肌肉控制——孩子將不同物料抓或握，都會訓練到小肌肉運用及協調能力。

5. 培養創造力、想像力、專注力及未來技能——容許孩子在安全的環境下無負擔的探索玩樂，可以激發他們的想像力及創造力，有助大腦發展，探索的過程，專心投入，專注力也對日後就學有所幫助，下次當您看到您的孩子在沙子上做標記時，他們可能正在開發早期的書寫形式。或者，也許當您看到他們與另一個孩子交換物品時，他們正在學習與他人分享和談判。

6. 提升社交能力——增加孩子溝通的機會，無論是與家人還是跟其他孩子一起，雖然孩子可能還無法用語言解釋事物，因此他們會通過使用物體和手勢，以不同的方式分享他們的發現，為了做到這一點，他們需要思考自己的行為，以便他們

能夠傳達這種解釋，這也有助於發展他們的認知。

7. 加強責任感及自律能力——培養孩子處理自己弄亂或弄髒後清潔的自律能力。

8. 提升情緒調節能力——孩子在無規範、無束縛的情況下玩樂，能夠將情緒釋放，提升調節和控制自己情緒的能力。

9. 增強免疫力——科學家指出過度被保護、隨時保持乾淨的孩子，較容易出現哮喘和過敏。多讓孩子到外面玩耍、接觸外界事物，呼吸新鮮空氣，反而有助身體健康和發展。

10. 培養問題解決的能力——在整個探索的過程中，孩子會不斷發現問題，嚐試各種錯誤後，會自己摸索出解決問題的方法，即使沒有成功，整個過程也會在錯誤的探索中，受益良多。凌亂的遊戲為您的孩子提供了一個自己解決問題的機會。每當他們學會解決問題時，他們的大腦就會強化這種能力。隨著時間的推移，他們解決未來更複雜難題的信心就會增強。您可以透過幾種方式應用這個概念，您的孩子如何混合油漆的顏色？他們如何用沙子或積木建造出他們想要的形狀？他們如何在一片睡蓮葉上容納最多的東西？他們如何操作不熟悉的工具？所有這些活動都加強了感官遊戲和大腦發展之間的關係。

11. 了解因果關係——我們並不是生來就對因果關係有天生的理解。相反的，我們透過觀察和經驗來發展它。感官遊戲為孩子們提供了直接觀察其行為效果的有趣機會。如果在火山中添加醋會發生什麼事？如果把顏料滴到濕紙巾上而不是紙張上會產生什麼變化？這些新知識可以幫助他們更了解自己的世界以及自己對世界的影響。

12. 發展空間意識——有各種雜亂的遊戲活動，例如：探索物理世界、填充和清空容器、堆疊和重新排列物體，可以幫助孩子發展空間意識。提高空間意識幫助孩子更好的駕馭他們身體與環境中其他事物之間的關係。他們透過各種實踐方式練習這些技能，就越了解如何在周圍環境中移動。

 3-5歲

七感英閱遊戲

　　結合英文繪本有聲書與七感遊戲，與孩子英文親子共讀後，藉由故事情境遊戲及有聲書的播放，讓孩子不斷複習繪本中的故事場景及內容，孩子也可以發揮創意自行更改故事情節，創造屬於自己全新的故事，準備簡單材料，選個易於清潔的地方，如廁所或後院，讓孩子盡情探索故事情景。

3 腦科學教養

Q13：父母在孩子面前爭吵或打罵教育，
　　　為何會造成孩子大腦無法復原的傷害？

　　一對父母在孩子們面前激烈爭吵，現場有分別6歲、5歲及6個月大的孩子目睹衝突，因為爭吵過於激烈，驚動鄰居報警，警察到訪時，詢問3名孩子的狀況，發現3名孩童身上均無外傷，也就是說這三個孩子「只是」目睹了父母的激烈衝突。6歲的女兒會不斷告訴警察，都是她的錯，都是她害父母爭吵，5歲的男童則面無表情的一直看電視，不理會警察的關切詢問，6個月大的男嬰則是看來毫無異樣的躺在嬰兒床上。那麼整個衝突對哪個孩子傷害最大呢？答案是6個月大男嬰。「不記得就沒事了」這是從小長輩們常說的，孩子通常不記得幼年早期發生的事，因為沒有記憶，所以也就沒有傷害，但腦科學卻不是這麼一回事，沒有記憶不代表沒有傷害，記憶會喪失，可怕的是傷害會留下，而且會留在大腦裡一輩子。

Q14：大腦如何發育？

　　腦部是由腦幹→間腦→邊緣腦→皮質腦，一層一層往上、往外發育，孩子聰明與否是看最後發育最上層的皮質腦，但是前面（底層）大腦會影響後面大腦的發育，整個衝突都分別在各年齡大腦發育的位置留下傷害，因為現場6個月大嬰兒主要發育位置在腦幹，所以在腦幹留下傷害，可怕的是，腦幹又稱蜥蜴腦或爬蟲腦，它沒有時間觀念，一旦受損會造成無法復原的傷害，這個傷害造成這名嬰兒在四歲半時，在幼兒園常有攻擊其他幼兒的暴力行為。可能大家都聽過這樣的故事，一對在目睹家暴中長大的孩子們，兒子會成為下個施暴者，女兒會選擇與暴力者結婚，複製父母的家暴輪迴，這是在周遭經常聽到的故事，為什麼被害者變成了加害者？為什麼要選擇跟自己父親一樣有暴力行為的人結婚？那是因為大腦已經受損及習慣，習慣這樣的衝突模式。如果跟善待自己的人在一起，反而不習慣而做出很多愚蠢的事，捨棄善待自己的人，而選擇容易跟自己衝突的人，複製上一代衝突的模式，進入新的暴力輪迴，子子孫孫、世世代代。

　　目睹父母衝突時，孩子很害怕，害怕的程度就像看到一隻熊那樣的害怕，這隻熊就在孩子6個月大時在腦幹住了下來，而且一輩子都不會離開，即使這名嬰兒根本不記得6個月大時所發生的事，這個傷

害在這名6個月大嬰兒長大後，只要碰到害怕恐懼的事，那隻熊就會出現，試著想想您看到熊會是什麼反應？生物本能的防衛攻擊？逃跑？如果在上課課堂上熊出現了，老師問你問題，你應該只會腦中一片空白，所以腦幹受傷的孩子在日後就會出現，暴力（防禦攻擊）、過動（逃跑）及注意力不集中（腦中一片空白）等問題。

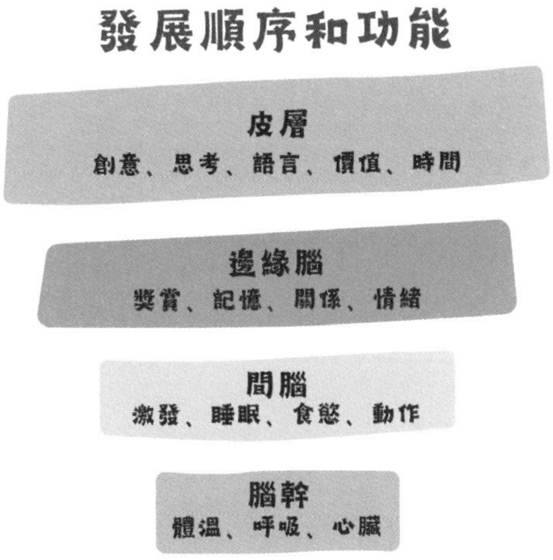

發展順序和功能

皮層
創意、思考、語言、價值、時間

邊緣腦
獎賞、記憶、關係、情緒

間腦
激發、睡眠、食慾、動作

腦幹
體溫、呼吸、心臟

圖五：大腦發育圖
資料來源：Bruce D Perry- The Neurosequential
　　　　　Model of Therapeutics

　　華人父母習以爲常的打罵教育，因爲是不可預測、極端、持續的（依據右頁圖DR. Bruce Perry壓力模式，左側是造成大腦損傷的壓力分析），也會造成大腦的敏感脆弱化，這些傷害或許在兒童期還不會顯現，但最遲在青春期因爲荷爾蒙的變化，就會表現出來。例如間腦受損的孩子，在青春期可能會有失眠、厭食或暴食的問題，邊緣腦受損會導致衝動、易怒等問題。

First Impressions：目睹衝突與孩子的大腦

夫妻言語暴力傷害大研究：小孩恐腦萎縮

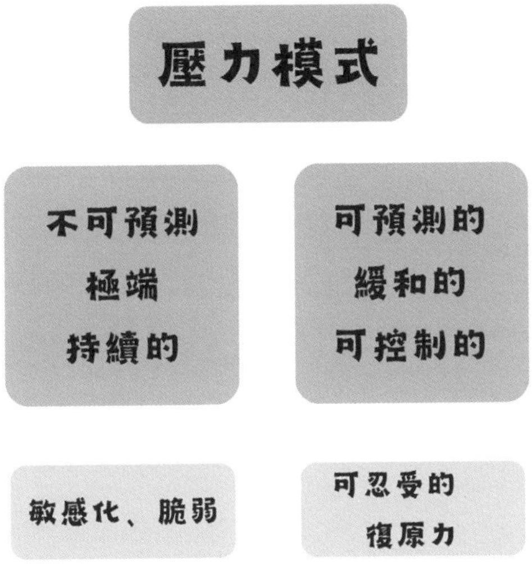

圖六：壓力模式
資料來源：Dr. Bruce Perry– Born for love-why empathy
　　　　　is essential and endangered (2017)

Q15：情緒腦及理性腦如何溝通

「二歲的孩子貓狗嫌」、「Terrible two, horrible three」，二歲是孩子的第一個反抗期，喜歡說不要，故意唱反調，愛哭鬧，動手打人。這個年齡的孩子漸漸有自己的想法，但因不善表達又不會處理情緒，最後演變成大吵大鬧，是親子間最容易有衝突的年齡，父母一開始也都試著跟孩子講道理，一次、二次，孩子還是一直哭鬧，最後一百次終於受不了，只好打孩子，孩子也終於安靜，打罵教育不只傷害孩子大腦，也會讓孩子慣用暴力的方式處理情緒。腦科學的研究指出（如圖七），當孩子在哭鬧，情緒腦在作用時，上層的理性腦是關閉的，也就是說即使說上一萬次道理，孩子還是會一直哭鬧，因為理性腦關閉，孩子根本就聽不進去您說的道理，要讓理性腦打開，就必須先安撫孩子的情緒，例如：以平靜的口吻告訴孩子，「你因為○○○原因，所以現在很生氣，對不對？」，「試著深呼吸，從一數到十，每次吸氣，想像自己在階梯往下走，數到十時有一扇門，打開門再慢慢說」，平靜的口氣，確認原因的反問及調節呼吸，都可以讓孩子的情緒回到平穩，這樣理性腦才會打開，孩子才會停止哭鬧，然後理解您說的道理，與您理性溝通。

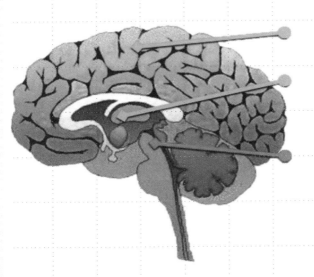

理性腦(皮質腦)

情緒腦(邊緣腦)

腦幹或爬蟲腦

圖七：情緒腦 & 理性腦

Q16：學習英文是否有關鍵期

語言的學習關鍵期是0-5歲，需要一致、持續或模式化的經驗來啟動重要學習系統。如果學習6週英文後，改學中文5個月，然後再學法文，在孩子3歲前更換了10種語言，或是一天當中聽到15種語言，結果是孩子一種語言都不會。一致（consistent）、持續（repetitions）是語言學習的基礎。語言的學習就像照顧者一樣，儘量減少更換，才有助於健全關係的神經連結。

根據國外的研究，音樂、語言及智商都有關鍵期，五歲之前學習，事半功倍，在我孩子讀幼稚園時，也曾與外子討論過，是否讓孩子就讀全美語幼兒園，當時外子極力反對，認為孩子應該先學好自己的母語，也比較過鄰近的全美語幼兒園，發現外師的國籍及教學品質都不容易掌握。幸好在大女兒五歲時，我在書店看到了廖彩杏老師的《用有聲書輕鬆聽出英語力》一書，照著老師所說的原則做，雖然是職業婦女，工作繁忙之餘還要操勞家事，無法完全照做，但也執行了八成左右，和孩子共讀英文繪本，不只是我和女兒及兒子最美好的回憶，也為孩子日後的英文學習奠定了紮實的基礎。在整個共讀的過程中，我並不要求孩子要repeat after me（跟我唸），只讓孩子覺得有趣，然後在孩子從事靜態活動時播放CD，例如：吃水果，畫畫等不吵雜的活動，繪本的有聲書以韓國出版社的JY books版本為主，

JY books的有聲繪本
被國內外英語幼教專家
大力推薦，是因爲選書
經典耐聽，每本還有精
心製作、標準美式發音
的歌曲、故事朗讀、唸
謠、伴奏四種音軌，多
元的呈現方式，讓整整
30分鐘的反覆播放洗
腦歌，也不覺得厭煩，
自然而然打造孩子的英
文耳朵，所以即使價格
比其他版本稍高，「JY
版」仍然是媽媽們的首
選，現在Kids Read
在臺灣獨家引進了英
文有聲書權威韓國JY
books出版社的點讀
筆，更讓孩子在遊戲中
學會認字，大大減輕了

圖八：女兒約5歲，兒子約2歲開始英文有聲書共讀，女兒及兒子聽著Hey, Diddle Diddle的音樂，隨著音樂操作紙偶。

圖九：女兒自己清唱Hey, Diddle Diddle並操作紙偶。

圖十：英文繪本共讀2年後，二寶在玩耍之餘，會自己從書櫃拿出有聲書，弟弟唱讀，姊姊確認並指導錯誤。

媽媽們的負擔。

英文的學習是先從聽開始，根據科學研究，一個單字孩子至少要聽7次以上，才有可能開始說，所以在共讀的過程，不要求孩子唸單字 repeat after me（跟我唸），例如：在跟兒子共讀《The very hungry caterpillar》好餓的毛毛蟲一書時，孩子只需將我所唸的食物圖片或教具拿給我，若孩子不懂可指著書本提示，然後再唸幾次食物的單字即可，在整個互動中，不斷和兒子有肢體碰觸，例如：以手指代表毛毛蟲，在孩子身上蠕動，雙手張開，作勢要吃孩子，這些藉由故事的互動，都大大增加了閱讀的樂趣，當讀

圖十一：藉由故事與孩子互動。

圖十二：兒子模仿猴子揮動雙手，並說「I can do it」。

書變成了遊戲，孩子就會很期待每次的親子共讀時光。

兒子有了足夠聽的input後，說就會從重複句，也就是聽到最多的那句先開始，在《From head to toe》這本繪本中，I can do it 出現最多次，所以兒子在做這些動作時，也會回答I can do it.

在Eric Carle爺爺的《from head to toe》繪本中，兒子學著Monkey wave my arms然後說著I can do it.在持續的播放有聲書後，兒子可以自己進行一本英文繪本的唱讀，從字數較少的書到字數較多的書。

圖十三：書本唱讀：rain（字數約56個字）。

圖十四：書本唱讀：crayon talks（字數約113個字）。

親子共讀從孩子很小的時候就開始了，從中文到英文繪本，橋樑書到英文漫畫，也因為孩子大多停留在聽英文，所以後來開始想讓孩子開口說英文，但因孩子排斥兒童美語補習班及英文外師家教的上課方式，所以為了延續孩子的英文能力（語言的學習如果中斷，等於之前學的都白費了）所以參考了很多網路名人媽媽的推薦方式，讓孩子

選擇一對一線上學習，孩子分別在小學中、低年級開始嘗試，剛開始孩子也有些排斥，但因已是最後的選項了，所以參考了名人的方法，拿孩子最想要的東西跟他換，但我也在一開始訂好規則，線上平台讓他們決定，老師自己選，但一但選擇了，就必須堅持下去，不可中途離開，要乖乖上完，課程一但購買就必須上完，不可半途而廢浪費錢，所以在跟孩子有初步共識後，開始諮詢、比較及試聽國內外多家線上平台，最後選擇了美國的一家線上一對一課程平台（30分鐘一對一美或英等國籍老師上課，價格約100元台幣），不只價格便宜，師資選擇多（美、英、澳、紐等國籍）及優良（很多都是幼兒園教師，老師還會自備道具、玩偶跟孩子互動），也因為孩子親自挑選的老師，所以他們也都會認命的上完課程，如果老師不適合，孩子也會提出，下次不要上這個老師的課，而我也會尊重孩子的決定，「課一定要上，選自己喜歡的老師」，當孩子手中握有選擇權時，他們也比較會為自己的決定負責。發現孩子在多年的親子英文繪本共讀後，已具備全英文上課的英文耳朵，所以直接外師一對一上課，但英文口說上卻不如小時候大方，尤其是女兒，因已是小學中年級，會害怕說錯，回答外師時總是小心翼翼，守口如金。在剛開始的一年裡，她整堂30分鐘的課堂中幾乎只說「I don't know」及「OK」，反觀兒子，因還在小學低年級，所以不怕出錯，但偶爾會和老師鬧情緒，我不責罵孩子，總是鼓勵他們多開口，也照著名人母親的建議，學英文要先從引起孩子的興趣開始。所以跟外師溝通先從孩子有興趣的主題開始，

不必侷限平台上的教材內容，兒子有時會在課程中教導外師玩線上遊戲，當兒子化身為老師，談論著自己有興趣的主題時，侃侃而談，意猶未盡，都不足以形容兒子說英文時的快樂與自信。

　　從女兒5歲，兒子2歲起，英文就是我們每天的固定活動，在冷靜、冷淡處理女兒長達一年的「守口如金」後，到現在女兒高中，兒子也國中了，雖然也會配合孩子的課業負擔，但一週至少一次的線上課程，這麼多年，也因為沒壓力，而堅持了下來，從小打下的基礎，讓女兒即使完全不背國中的英文單字及文法，國中英文仍能保持不錯的成績，國中參加多益考試，也有5百多分的實力，也因為對英文的自信，而有了未來出國念書的目標。現在她會運用一些免費的交友APP，和外國朋友聊天，英文為她打開了通往世界的門。當她高中課業有問題時，便向她的國際友人請求協助；以巴衝突爆發後，女兒也經由以色列友人得知每日的戰況，這些學習絕對比書本或電視上來得更深切真實。她從原本的守口如金到現在天南地北、暢所欲言的聊天。依據美國腦科學的研究，語言的學習有關鍵期，一旦錯過，越晚學習就會越辛苦，腔調也很難達到純正的程度。每週若2小時的英文學習，研究顯示，每次半小時，一週4次，會比每次1小時，一週2次的學習效果更好，3歲的兒童專注的時間約為15分鐘，6歲時大約30分鐘，所以對於6歲以下的小朋友來說，高頻率、短課時的課程，比低頻率長課時的課程更有效。

Q17：嬰幼兒早期如果大腦已受損（父母爭吵或打罵教育），即使無法復原，如何修補？

　　復原是像一顆彈力球，擠壓後會回復原來的樣子，完全看不出擠壓或捏過的痕跡，這是復原，可惜的是，大腦只能修補，大腦的受損就像鐵絲衣架，一旦凹折過，無論花多大工夫，都無法讓鐵絲衣架回復到原來的樣子，所以大腦只能修補，無法復原。一個最近的研究，針對700個5-16歲的兒童，研究顯示，打罵教育長大的孩子，青少年時會有較多的問題，親子關係也會較差。

　　這樣的研究或許可以給新手父母一些警惕，更小心處理家中的衝突，也希望新一代父母，不要再被上一代傳統觀念的打罵教育「不打不成器」所綁架。

　　音樂裡的節拍可調節大腦，讓注意力不集中的孩子在寫功課時聽音樂，會讓孩子更專注，可選擇孩子喜歡或輕柔的音樂播放，其他規律性的活動也有修補大腦的功能。例如：在大自然裡散步、騎腳踏車、投籃、著色等規律性活動都可幫助大腦調節。

Q18：正確的管教方式

　　1998年，美國的一個民間組織——有效管理中心（CED; Center for Effective Discipline），其創辦人是臨床心理學家Robert Fathman，他一直鼓吹有效的管理方法，有感於體罰加諸兒童的傷害，故選定每年的4月30日為「國際不打小孩日（Spank out day）」。

　　根據科學的研究，受到嚴重體罰者腦部的前額葉皮質部位，其中用來控制情感或思考、與抑制行動力相關的「（右）前額葉皮質（內側部）」體積平均縮小19.1%，「（左）前額葉皮質（背外側部）」的體積縮小14.5%。語言暴力等不當管教會導致聽覺皮質腫大，這個區域是用來掌握理解他人語言進行對話等溝通方面的關鍵。

　　那麼除了打罵，該如何正確的管教呢？

1. 傾聽孩子的心聲，找尋行為背後所隱含的需求，以好奇取代質問，以接納取代反對。
2. 爸媽要以「如實說出擔心」取代責罵。
3. 當孩子在「無理取鬧」時，先處理孩子的情緒，以冷靜的口吻，告知理解為何生氣，待孩子情緒和緩後再講道理。
4. 處罰的原則，依據Dr. Bruce Perry的壓力反應模式，處罰必須是可預期的、緩和的、可控制的，這三個原則下的處罰，才會產生可忍受的復原力。淘氣毯是專家們推薦的方式，

壓力模式

不可預測　　　　可預測的
極端　　　　　　緩和的
持續的　　　　　可控制的

敏感化、脆弱　　可忍受的
　　　　　　　　復原力

圖十五：Dr. Bruce Perry的壓力模式：右側圖爲可復原模式，
左側模式會造成大腦脆弱及敏感化。

Youtube上的這個影片高達291萬的觀看次數，影片中的男
孩，不斷以哭鬧的方式來達到目的，專家以淘氣毯方式，一招
就擺平了。

(1) 當男孩出現哭鬧要脅行爲時，第一次先給予口頭警告，並
　　告知孩子這是錯誤的行爲，爲孩子解釋他行爲錯誤的地
　　方。

(2) 第二次再出現哭鬧時，則讓孩子坐在淘氣毯上，家長離開坐在孩子看得到的地方（避免讓孩子覺得被遺棄，及給予安全感），但避免目光接觸。

(3) 設定孩子坐在淘氣毯上的時間依一歲1分鐘，二歲2分鐘……原則。

(4) 如果孩子在時間內離開淘氣毯，則重新計時。

(5) 處罰結束後，要求孩子道歉，並給予擁抱，告知孩子媽媽很愛你，但希望下次不要再犯同樣的錯誤。

淘氣毯管教影片

Q19：依附理論，猴子選鐵絲（有奶）媽媽，
還是布偶（無奶）媽媽？

　　幼兒需要與至少一名主要照顧者建立關係，以促進長期持續的互動社交和情感發展，美國早期的恆河猴實驗，鐵絲做成的猴子上放著奶瓶以及沒有奶水布猴媽媽，這個實驗顛覆了中國傳統「有奶便是娘」的觀念，幼猴在堅硬冰冷卻有牛奶可喝的鐵絲母猴那喝完奶後，都留在柔軟溫暖卻什麼都沒有的絨布母猴那兒，每隻幼猴都是如此，屢試不爽，證明相較於奶水，柔軟的撫觸帶給幼猴的安慰更加重要，甚至在絨布母猴上安置機關，會突然對幼猴噴出強勁的氣流或射出冰冷的水柱，甚至會伸出鐵釘刺傷幼猴。然而，驚嚇跳開的幼猴仍一而再、再而三地回頭投入殘暴無情的絨布母猴懷抱。這個實驗證明，幼猴對媽媽的愛及觸碰撫慰是如此渴望，無關乎生理的需求。在幼兒早期，固定1至2位照顧者，減少更動照顧者的頻率是很重要的，在寶寶熟悉照顧者的照顧方式、氣味、聲音，已建立依附關係後更換，都會造成孩子大腦的傷害。

Q20：北歐的育兒政策

　　臺灣現行的少子化政策中多參考北歐等國，例如：生育補助、育嬰津貼等福利政策，但北歐等國的公共托育及友善職場，則因牽涉較廣，而在台灣阻礙較多，任何完善的托育照顧都比不上親生父母的親力親為。孩子的大腦對媽媽最有反應，如果可以，媽媽請育嬰假，在家帶小孩是最好的，如果條件不允許，慎選照顧者，下班後盡量跟孩子互動，把握一些原則，重質不重量，相信寶寶的發展也不輸全職媽媽的照料。催產素（Oxytocin）是母親分泌母乳時所產生的荷爾蒙，當感到快樂時就會在腦中生成，它也是信任感的荷爾蒙，在一項信任感的實驗中，實驗者被要求分享金錢給陌生人，並將會獲得4倍金錢的歸還，風險是可能無人歸還。實驗結果，事先給予催產素鼻噴劑的施測者，較大方也較願意給陌生人分享，較願意相信別人，也較願意原諒別人的過錯。

　　經濟合作暨發展組織（OECD）進行一項全球性重要研究，研究證實學習始於出生的那一刻，而非上學的第一天。出生至三歲，大腦發育將近85%。這段時間，每秒形成100萬條神經連結。因為北歐的育嬰政策，讓新手家長可放心的完全參與孩子的早期教育及照顧，孩子長大後較有同理心及信任感，相對減少日後社會暴力、犯罪

及社會成本。非洲古諺：「養大一個孩子需要整村的力量（It takes a village to raise a child）」。即使在臺灣提供這樣的社會福利似乎遙不可及，但整個家族、社會及國家的參與，都能成爲新手家庭支持，減少家庭的壓力，有助於培養更健康的下一代。

Q21：「重複」如何幫助幼兒學習？

幼兒一遍又一遍重複同樣的事情，例如相同的笑話、相同的觀察、讀同一本書、玩相同的遊戲……，是因為他們正在加強大腦中與那些重複經驗學習相關的連結！除了從重複經驗中學到的知識外，他們還學到了如何預測接下來會發生什麼事，以及小變數如何影響結果的寶貴訊息。

以下是幼兒可能從重複經驗中學到的一些例子，從父母的角度來看，你只是一遍又一遍的讀同一本書，從孩子的角度來看，他們花了10天時間思考這本書的故事，然後又花10天注意到書中背景插圖的細節，然後又花了8天思考你在讀對話與旁白時聲音的不同。從父母的角度來看，孩子盡可能地靠近水槽中的流水想玩水。從孩子的角度來看，有時他們在感受水流過手上的感覺，有時在聆聽水流的聲音，思考水的溫度，考慮碰觸水的後果是他們的手現在又冷又濕，觀察水流進勺子或杯子的狀態，開水龍頭的方式，水勢慢慢滴下還是湧出……。

從重複經驗中可以學到無數的事情，尤其是在孩子很年幼的時候，每樣東西都很新奇，想用各種方法來探索這個世界。

為什麼學齡前兒童喜歡重複？他們的每個腦細胞都可以與其他腦細胞建立15,000個連結（或突觸）。他們如何強化這些神經路徑?答案是通過使用他們，而且是經常的使用。

Why do preschoolers love repetition?
Each of their brain cells can have 15,000 connections (or synaspes) to
other brain cells. How do they strengthen those neural pathways?
By using them.

© 2021 Preschool Powol Packets

圖十六：圖片由Preschool Powol packets-preschool Activity &Ideas製作。

　　上圖顯示神經元連結的樣子，由一個大的灰色塊狀結構表示，上面由許多突觸（細小的灰色分支）朝各個方向接到其他神經元。其中一些突觸被橘色、白色點亮，表示神經脈衝（思想、行動）正在通過該神經元傳遞。繪本及兒歌中重複的設計都會讓孩子的學習成果不斷的累積，所以常常讀同一本書或唱同一首歌，都會不斷強化神經元的連結，也會讓孩子每次都有新的發現。

Q22：父母的焦慮

　　孩子會透過鏡像神經元的連結，不斷學習媽媽的行為模式，如果媽媽每天都擔心孩子不健康、體重太輕、課業跟不上、考不到好學校……，這樣的擔心孩子就會完全複製，圖十七的孩子就完全複製了大人的大腦，如果希望孩子樂觀、開朗，父母就必須先以身作則，孩子才會有信心跟勇氣來面對未來的任何挑戰。每天告訴孩子你很棒，你很努力，相信給了孩子信心的翅膀，孩子就能飛到更高更遠的地方。

成年人富有同情心的心態可以促進對孩子大腦的鎮
靜作用，針對孩子的高度敏感性杏仁核

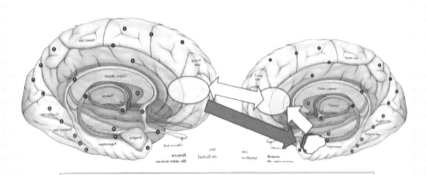

成人對孩子的富有同情心的態度使成年人能夠向孩子的杏仁核發送平
靜的非語言信息，促進孩子大腦從防禦到參與的轉換過程

圖十七：資料來源：Dr. Dan Hughes (How early years trauma affects the brain the child who mistrusts good care HD, 2016).

Q23：問題解決技巧（何惠玉老師──正向親子課程）

在何老師的正向親子課程中，覺得受益最多的就是問題解決技巧。建設性的解決問題是所有孩子都應自小學習的重要技能，家長樹立解決問題的模範，從日常生活中的問題，依循步驟解決問題。「請你告訴我你遇過最棘手的問題，以及你如何解決那個問題」，這是特斯拉（Tesla）創辦人馬斯克（Elon Musk）在2017年的世界政府高峰會（World Government Summit, WGS）公布的面試必問題，鼓勵孩子自己解決問題，而不是幫他們解決，這個能力也會是孩子面對未來最需培養的技能。例如：孩子提出明天不想上學，練習以下步驟，讓孩子從小就具備解決問題的能力。

1. 釐清問題：理解並同理你的孩子，有時孩子對問題的描述，可能與父母的理解不同。「你明天不想去上學，是因為擔心熊熊沒人陪嗎?」確認孩子焦慮的原因，找出問題，摘要問題，確認是否了解及感同身受。

2. 列出選項：幫助孩子面臨焦慮的反應是一種選擇，選擇繼續焦慮或想辦法來減輕焦慮，「除非你生病需要看醫生，否則還是要去上學，你想繼續擔心熊熊，還是想想有沒有其他的辦法?」

3. 提示孩子解決問題的方案：幫助孩子提出解決方案，盡量不要告訴孩子該怎麼做。「我看到你非常努力想出很棒的想法，還

有別的嗎？」

孩子：我想留在家裡。

媽媽：這是一個想法，還有別的嗎？我們最後再做決定。

你花了多少時間陪熊熊？你要不要放學回家再跟熊熊分享學校的事？

孩子：是的，我每天都跟熊熊在一起。

媽媽：好，所以，也許你可以放學回家幫熊熊上課。

孩子：我想是的。我可以跟同學一起玩，回家再跟熊熊分享。

4. 表揚孩子的想法和努力：即使有些想法聽起來天馬行空不切實際，仍要表揚他們的努力，「我看到你非常努力想出了一些很棒的想法，你能想到別的嗎？」

5. 思考後果：「既然我們已經寫下了一些想法，讓我們仔細想看看並考慮每個選項的後果」、「首先，你以爲生病了，就可以待在家裡，你認爲會發生什麼事？」如果孩子想不出會發生什麼事，可稍作提示，例如：「如果你假裝生病錯過上學，是不是同學會因此替你擔心？」表揚孩子考慮每個選項的後果。

6. 讓孩子爲自己的每個選項評分（滿分10分）：「既然我們知道了你的每個想法，可能會發生什麼事，讓我們來確定哪一個是最好的，所以，你認爲如果你說你生病了，必須待在家裡，同學會很擔心，從0到10，如果0是最差的結果，而10是最好的結果，你會爲這個選項評幾分？

「帶熊熊一起上學，這個選項你給幾分？」

「回來再跟熊熊分享今天學校有趣的事，給幾分？」

7. 提示孩子選擇最適當的解決方案，可能帶來積極的結果：「我們已經對每個選項進行評分，現在你必須選一個，對你來說最好的結果是哪一個？」

練習：使用建設性問題解決技巧。

想想孩子最近或當前的問題。寫下想對孩子說的話，進而幫助孩子完成每個解決問題的步驟。

第一步 找出問題 摘要問題	
第二步 提醒您的孩子焦慮的回應是一個選擇	
第三步 產生解決問題的所有可能	
第四步 讚美孩子的努力	

第五步 考慮可能的後果	
第六步 評分每一個結果	
第七步 選擇一個解決方法	

Part 2 行動篇

零至五歲幼兒的
感覺統合與七感英閱遊戲

 0-3歲

嬰幼兒按摩

0-6 個月：

示範1：音準──Hey Ho, Nobody Home

· 這首曲子可以很清楚地聽到及辨識低音、中音、高音及由高滑
  落至低音，隨著音階的高低，觸摸孩子身體的各部位，例如以
  臉部為例，下巴（低音）、人中（中音)、額頭（高音）再由
  額頭沿臉二側滑落（高音→低音）。藉由觸摸身體的不同位
  置，讓孩子感受音階的變化，除了臉部，也可觸摸身體其他部
  位，因為語言會干擾大腦對音準及節拍的接收，所以演唱時可
  以「嘟」或「啦」哼唱即可，不必演唱歌詞。

· 低音（下巴位置）：Hey ho, nobody home。

· 中音（人中或臉頰位置）：Meat, nor drink, nor money
  have I none。

· 高音（額頭位置）：Yet will I be merry。

· 額頭下滑至下巴：very merry。

· 歌曲連結：

 音樂Youtube版：
Hey ho, nobody home

 操作影片示範：
依循音階高低，
幫寶寶按摩

示範2：音準＋節拍──Sandpiper

・這首歌曲是一首典型的兒歌，Duple（二分拍）D major（D
大調）的歌，即使是一首典型的兒歌，也可以把它分成1/2
拍、大拍或小拍，來讓寶寶感受不同節拍的變化，歌詞中
「brrrrrrrrrrrrr」的部分，可依音階高低手掌上、下滑過寶寶
的身體，藉由觸覺將音階及節拍導入寶寶的大腦。

歌曲連結：
Sandpiper

操作影片示範

感覺統合遊戲

0-3 個月：

- 在嬰兒床上方懸掛一個彩色**玩具**，以提供視覺刺激。選擇顏色鮮豔、形狀有趣、動作輕柔的玩具，以促進他們的視覺和認知發展。

- 輕輕地觸摸和**搔癢**寶寶，讓他們咯咯地笑（也可使用不同材質物品搔癢，譬如：羽毛、紗布巾、棉花、球等）。**用刷子進行感官探索**：用不同類型的刷子，例如軟毛刷、牙刷或畫筆，隨著音樂節奏輕輕觸碰寶寶。

- 與寶寶以不同的**姿勢**玩耍。

- **玩水**：這對嬰兒來說是一項非常簡單的感官活動。將煮沸過的飲用水，倒入烤盤中，烤盤下面墊一條毛巾來控制流出的水，放幾個玩具漂浮在水面上！

- 與寶寶進行大量的**肌膚接觸**，經常親吻及擁抱寶寶。嬰兒的觸覺，稱為觸覺系統，在出生時就已發展完全。這就是為什麼皮膚接觸對新生兒來說是非常重要的感官體驗。由於感官資訊是所有學習的基礎，感官體驗可以幫助寶寶知道可以信任您，感到安全。皮膚接觸有助於安撫寶寶、緩解壓力、穩定體溫和呼吸、調節血糖。這是寶寶最初的感官體驗之一。寶寶躺在您胸前時所感受的所有氣味、觸摸和聲音都有助於他們的大腦發育

和形成神經通路。**本體覺**是身體意識的感覺，這需要一些時間來發展（例如：當嬰兒第一次發現自己的腳時，他們以前沒有意識到自己有看不見的身體部位）。

壓力有助於提供本體覺感受輸入，將寶寶緊緊包裹或放在背帶中可以為他們的身體提供舒適的壓力。

- 與寶寶**一起面對面演奏樂器或唱歌**，有助於提高寶寶的聽覺及視覺刺激。跟寶寶面對面，寶寶不只聽到也看到，這樣的唱歌方式會讓大腦的聽覺皮層（Auditory cortex）及視覺皮層（Visual cortex）一起運作，促使大腦神經元的連結。

- 當給寶寶換尿布時，觸摸身體不同的部位並說「嘟嘟」，寶寶可能會開始觀察您的手並期待**觸摸**。

- 在牆上掛一面**鏡子**，觸碰鏡子並說出寶寶的名字。隨著時間的推移，寶寶會開始明白鏡子裡的寶寶是誰。**看鏡子的趴臥時間**，在有人陪伴的趴臥時間中，讓寶寶趴臥在月亮枕或枕頭上，面前放置一面嬰兒安全鏡子，這使他們能夠看見自己的倒影並建立自我認知。

- 展示寶寶的家庭照片或翻閱雜誌，手指著照片說出家庭成員的稱謂或姓名。

- **踢氣球**：將一到兩個氣球鬆鬆地綁在寶寶的腳上，讓他們仰臥踢氣球，看著氣球彈來跳去。這對於培養他們的眼球追蹤能力、理解因果關係、注意力和粗大運動技能非常有效。

- **躲貓貓**：躲貓貓遊戲（Peek-A-Boo）是一款適合嬰兒有趣且經典的遊戲。可以用手或毯子來進行這項遊戲，將手遮住寶寶的眼睛，口說：糟糕，媽媽不見了，手再打開，口說：找到了；相反，媽媽用手或絲巾蓋住自己的眼睛或頭和寶寶玩躲貓貓，每次放下手或毯子時，可變化不同的鬼臉，來增加樂趣。
- **感覺球**：為寶寶準備各種尺寸、不同材質的球，例如：柔軟的布球、柔軟的感覺球或凹凸不平的橡膠球。鼓勵他們伸出手抓住球，探索不同的材質和形狀。
- **搖鈴和拉繩玩具**：為寶寶準備各種具有不同聲音、材質和形狀的搖鈴。讓他們握住並搖動玩具，刺激他們的觸覺、聽覺和協調感。
- **嬰兒按摩**：使用嬰兒按摩油或乳液輕輕按摩寶寶的手臂、腿部、背部和腳部。這可以幫助放鬆和安撫寶寶，同時提供觸覺刺激，播放音樂隨著節拍按摩，擁抱及按摩可以刺激副交感神經，穩定寶寶情緒及協助寶寶更了解自己的身體。
- 為寶寶提供柔軟、有質感的布料或泡泡紙，如天鵝絨、絲綢或羊毛。讓他們用手、腳、臉觸摸和探索不同的布料，刺激他們的觸覺，促進感官探索，包裝用防碰撞的**泡泡紙**有助於維持情緒穩定。
- **搖啊搖**：將寶寶抱在懷中輕搖、可以讓寶寶獲得輕柔的前庭刺激。

- **音樂玩具**：爲寶寶準備輕柔曲調或聲音的音樂玩具。這可以幫助刺激他們的聽覺並激發他們對音樂的興趣。
- **探索瓶**：這個年齡層的嬰兒尙未準備好體驗大米、豆子或其他小物品的感統活動，但這並不意味不能參與感統活動的樂趣。探索瓶非常容易製作，寶寶喜歡探索裡面的東西。找個寶特瓶或空瓶，每天裝不同的物品，讓孩子探索搖搖瓶子，聽聽不同聲音的撞擊聲，或在瓶中放些會發光的物體，再關上電燈，來點視覺的刺激。
- **感官書**：選擇具有不同的材質、顏色和互動設計適合嬰兒的厚頁書。大聲朗讀給寶寶聽，同時讓他們用手和眼睛探索這本書。
- **0歲視覺音樂書／風車圖書**：視覺是五感中發展最慢的，3個月前只能看見黑白兩色，透過注視對比強烈的圖形，能給予嬰兒最適度的視覺啟發，寶寶一出生即對聲音特別敏感，喜歡音調高一點的聲音，因此播放音樂，對寶寶有安撫的功能。父母將臉靠近寶寶，讓他們能清楚地看見並聽見父母說話，如果可以，盡量誇大嘴型，因爲出生2個月的寶寶，只能看到8英吋（約20公分距離內的東西），然後稍作暫停（暫停是很重要的步驟，它讓大腦有時間思考，讓孩子的大腦對剛才所接收的資訊做整理），再給予他們回應的機會。從寶寶很小的時候就開始親子共讀，寶寶透過聽見父母的聲音，和通過閱讀來發展

語言技能。儘管嬰兒可能還不懂得說話，但和他們說越多話，他們的語言發展就越快。父母花時間與寶寶交談就是最好的示範，對話是互相輪流的。嬰兒也會學習適當的聲音音量和語氣。當然，他們需要時間來練習這些細節，但他們會逐漸掌握並將其儲存在大腦中以備將來使用。

- **模仿遊戲**：嬰兒有時會發出咕咕聲，試著模仿寶寶的聲音及動作，對寶寶微笑，觸摸他們的手、腳和額頭。當嬰兒開始牙牙學語時，嘗試模仿他們的語言及動作，並練習輪流說話，記得適當的暫停。唱歌、說話，並用誇張的語調大聲朗讀童書給寶寶聽。觀察寶寶的面部表情，看看他們對不同音高的表情反應。

- **嬰兒健身房**：可以用空紙箱佈置一個嬰兒健身房，裡面有懸掛的玩具，譬如：波浪鼓、布偶或LED燈泡，供寶寶伸手互動。這可以鼓勵寶寶伸手、抓握和手眼協調。伸展——輕輕地上下伸展寶寶的手臂和腿，以鍛鍊他們的小肌肉。用雙腿做騎自行車的動作，也有助於排氣。就像趴臥時間一樣，運動時間對於肌肉發展和大運動技能至關重要。如果您的寶寶已經可以掌握抬起頭的能力，請嘗試握住他們的手，輕輕地將其從仰臥姿勢拉至坐姿。這個動作調動了他們的身體核心肌肉和握力。鼓勵寶寶在堅硬但柔軟的表面（如地板上的軟墊）上踢腿和扭動。每次在紙箱健身房中，掛上不同的視覺刺激物，通常有燈光或玩具供嬰兒抬頭看，可以讓他們自我娛樂一段時間。當他

圖十八：嬰兒健身房

們學會翻身時，就有更多東西可以看、可以玩。每天固定時間
幫寶寶做伸展運動，讓寶寶養成運動的習慣。

- **燈光秀**：在一個罐子裡裝滿閃爍的LED燈，成爲孩子專屬的個人燈光秀！看著寶寶滾動它，敲擊它，甚至啃咬罐子，只要確保頂部拴緊即可。
- **追蹤遊戲**：燈光調暗，可用手電筒照牆壁，發出聲音引導孩子的目光去追蹤燈光。
- **毛絨玩具探索**：爲您的寶寶提供各種不同形狀、尺寸和質地的毛絨玩具。讓他們探索和擁抱玩具，提供舒適感和觸覺刺激。
- **味覺感官遊戲**：對於習慣把東西放進嘴裡的嬰兒來說，母乳或牛奶是最安全的味覺探險，可將牛奶或母乳冷凍或稍微加熱後讓孩子玩味覺感官遊戲，溫度的變化可以增加不同的刺激，記得在周圍鋪上報紙或大面積的垃圾袋，來減少清潔的時間。
- **抓抓樂遊戲**：嬰兒天生好奇，幾乎任何東西都會抓住。利用這一點，創造有趣且安全的抓握活動來測試他們的手部肌肉和手眼協調能力。手邊準備一個籃子，裡面裝著小手可以安全抓握的物品，例如：一張起皺的紙或柔軟的球。請記住，不要有任何小到足以吞食的東西。不同材質、顏色和大小，並鼓勵您的孩子抓起不同的物體來探索。例如：衛生紙管、一個低籃子或一個淺盤。在籃子或平底盤裡裝滿廚房餐巾紙或捲筒衛生紙的紙管，當寶寶趴著時，將其放在枕頭上，或者坐在父母的腿上，空出寶寶雙手玩耍時，將其放在寶寶面前，鼓勵他們用手推動紙管或抓住紙管。

圖十九：
抓抓樂遊戲

- 變化：用絲帶或食材替換，以提供不同的觸感，高爾夫球是另一種有趣的物品，因爲它們放在金屬盤中時會發出很大的聲音。（使用絲帶或較小物品時，請注視著寶寶，並將其放在伸手可及的範圍內，避免一不注意誤食）。
- **安靜的時光**：什麼都不做的藝術中蘊藏著智慧。在孩子們的日常生活中安排過多的活動或課程，小腦袋瓜也會很疲累。留給孩子一些獨白的時間是很重要的，獨白時間會讓小腦袋瓜有時間去整理一天接收的資訊，鼓勵孩子腦袋放空，嘗試依偎或躺在一起，聆聽家中環境的聲音，靜靜享受這寧靜的放空時光。安靜的時間可以教會孩子重新認識自己並幫助自我調節情緒。

4-6 個月：

- 魔術紙巾／絲巾盒：這個玩具可以讓他們隨心所欲地抽出紙巾。神奇的**紙巾盒**可以促進精細運動技能的發展和顏色辨別能力。

- Hear bear roar/Eric Carle艾瑞卡爾爺爺的觸碰**有聲書**，艾瑞卡爾爺爺的書幾乎是全世界所有寶寶的首選，讓寶寶聽不同動物的聲音，以玩具及遊戲的方式啟蒙閱讀。
- **泡沫／凝膠的感官袋**：把刮鬍泡或洗臉凝膠放入密封袋。將塑膠玩具添加到密封袋中。緊緊密封袋子，並黏上膠帶，讓寶寶通過擠壓、按壓和把玩袋子來找找動物或玩具，請陪伴玩耍，以免危險。

圖二十：泡沫／凝膠感官袋

- **寶寶體操**：常常幫寶寶做手腳伸展的體操，記得手腳要越過身體中線，讓左右腦一起運作，身體中線的部位因較少碰觸，讓手腳動一動，都可刺激大腦中較少活動的區域，左右二邊大腦及肢體，有空就來雙邊協調（Bilateral Coordination）一下。
- **飛行&旋轉**：將寶寶腹部或背部朝下放在你的小腿上，然後將手抓住寶寶的腋下，讓他得到充分的支撐，最後輕輕提起寶寶並往後仰，就像火箭噴射到太空一樣飛翔；讓寶寶坐在您的大腿上，手扶著寶寶的頭及腰部，順、逆時鐘旋轉，但不要太

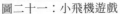
圖二十一：小飛機遊戲　　　　　　　圖二十二：左右搖晃旋轉

久，以免寶寶不適。在很小的時候，一直旋轉頭都不會暈，旋轉會刺激前庭系統發育（內耳的前庭是負責人體自身平衡感、語言和空間感的感覺系統，中樞神經系統貫穿前庭覺，前覺庭刺激不夠，除了協調能力差，甚至會導致語言發展嚴重障礙，由於前庭覺主宰了大腦的接收，幾乎所有其他的感官資訊都仰賴前庭覺輸入），所以前庭覺的遊戲對幼兒的腦部發育是很重要的。記得越小的孩子，動作越輕柔，越緩慢，注意頭部的支撐，播放一首喜歡的音樂，帶孩子去飛翔和旋轉。

• 上下托起寶寶並以不同的姿勢玩耍，幫助培養他們的運動感和平衡感。

• 找到具有不同材質和顏色的球，教寶寶如何讓球滾動、掉落和彈跳。

· **魔鬼氈的美妙聲音**：魔鬼氈可以單獨使用，這樣孩子們就可以了解它如何黏在一起和分開，也可以與不同的材料（比如鞋帶、絨毛動物、襪子）一起使用，這樣就可以弄清楚什麼可以黏，什麼不能黏。這是一項不會弄亂的活動，在無暇清理髒兮兮遊戲的日子裡，這是一個不錯的選擇。

7-9 個月：

· 用雙手探索和檢查物體，實驗拿起不同物體所需的力量，一次翻幾頁厚頁書。寶寶的小手從「五指一把抓」發展到「用手指捏住物體」，能用拇指和食指的指腹捏取東西，所以提供一些物品讓寶寶多多練習手指的精細動作喔！

· 專注於近處和遠處的物體。

· 研究玩具和周圍環境的形狀、大小和材質。

· **嬰兒感官隧道**：使用毯子、枕頭和軟墊創建一個小型感官隧道。將寶寶放入隧道內，讓他們爬行或滾動，體驗不同的觸覺並提高運動技能。將不同長度、寬度和材質的絲帶綁在隧道或大紙箱上，讓孩子爬進爬出，感受絲帶

圖二十三：嬰兒感官隧道

掠過他們的身體，拖著紙箱四處走動，並與它玩躲貓貓遊戲。
也可將不同材質的物品放地上讓寶寶爬行，例如：包裝泡泡
紙、泡棉、水坐墊等。

- **安全麵粉糰**：由麵粉加點椰子油或食用油製成，對於孩子來說
  能安全地接觸他們的手、頭髮甚至嘴裡。

- **刺刺球**：為寶寶提供帶有凸塊或軟刺的感覺球。這些球可以提
  供觸覺刺激，並且可以很容易地被小手抓住和滾動。

- **雨聲筒**：協助寶寶把不同材質的食品（如綠豆、米粒、玉米角
  等）放入小寶特瓶中，讓他搖晃滾動，聽聽不同的聲音。

- **感官寶藏籃**：在一個淺籃子裡裝滿各種不同形狀、材質和顏色
  的安全物體。讓寶寶通過觸摸、視覺，有時還可通過味覺來探

圖二十四：感官藏寶籃

索和發現新奇的物體。可用有空洞的小籃子，洞口用毛線交織成蜘蛛網增加難度，讓孩子穿過毛線抓握物品，增加難度來提高孩子探索的樂趣。

- **用杯子玩水**：在淺容器或浴缸中裝滿水，並為寶寶提供不同的杯子和容器來倒水、舀水和潑水。這項活動鼓勵手眼協調、精細運動技能和感官探索。

- **食物的觸覺遊戲**：提供寶寶各種安全、柔軟、黏稠的食物，如香蕉泥、麥片、香蕉丁、酪梨或煮熟的義大利麵。讓他們在陪伴下觸摸、擠壓和探索不同的材質。慢慢隨著年齡增長，可食用的食物，都可留下一些成為寶寶探索的玩具。例如：橘子、檸檬及胡蘿蔔都可讓孩子啃咬，冷凍後更提供牙齒不同的溫度觸覺。

- **積木**：為寶寶提供不同材質、顏色和形狀的軟、硬積木。鼓勵他們堆疊、擠壓和探索積木，刺激他們的觸覺和手眼協調能力。2016年美國印第安納大學發表了一份有關樂高積木對孩子大腦活動影響的研究報告。研究員把8歲的孩子分成兩組，一組被安排玩樂高積木，另一組玩Scrabble拼字遊戲，經過5次，每次半小時的遊戲時間，研究員把他們遊戲前後的的腦部掃描並加以比對，並且為他們進行了有關空間想像的測驗，要求他們想像物體旋轉的樣子，結果在玩樂高的孩子身上，發現其大腦有關於空間推理區域的活化度增加了，反應及解難的準

確性，都比另一組進步得更快。玩樂高有利孩子的空間想像和推理，這些技巧對於未來數理能力有幫助，也有助於發現、分析和解決問題。

· **透明滾輪玩具**：透明的充氣滾輪可讓寶寶從各種姿勢觀察環境，仰臥或俯臥、坐著、爬行和在協助下站立。

· **堆疊塑膠或紙杯**：為寶寶提供一套可以堆疊的杯子。這些杯子可具有不同的材質或圖案，鼓勵觸覺探索並促進手眼協調。

· **海綿炸彈**：在溫暖的日子裡，這些海綿炸彈對所有年齡層的孩子來說都很有趣。小小孩將會著迷於洗澡或洗碗海綿的形狀、顏色和材質，以及它們如何吸收和釋放水，而大一點的孩子可以玩接球遊戲，試試乾海綿跟濕海綿的不同玩法，也可以將水擠在寶寶頭上，盡情享受沐浴的時光。

10-12個月：

· 和寶寶玩躲貓貓。
· 讓寶寶看看鏡子中自己的倒影，並指出身體的每個部位。
· 透過食物、玩具、衣服、海綿等向寶寶介紹新的觸感。
· 與媽媽進行充分的肌膚接觸。
· 使用軟墊、枕頭或泡棉磚搭建一個**迷你障礙訓練場**。鼓勵寶寶在不同的材質和表面上爬行或行走，提供觸覺和本體感受刺激，鼓勵寶寶爬過家中的各種不同材質的物品。

・鋪上毛巾或塑料桌布，然後在塑膠容器中裝滿肥皂水（使用嬰兒沐浴乳或嬰兒泡泡劑），以及洗碗刷或海綿。讓孩子探索積木、潑水、玩泡泡、拿起刷子或海綿清潔積木，當然也可在泡泡水中搭建一座**水上積木城堡**，邊玩邊洗。

13-18 個月：

・給寶寶**吹泡泡**：讓寶寶觸摸它們，看著它們在天空中翱翔並在落地時彈出。
・用塑膠袋包裹一張桌子，並在上面噴上刮鬍膏。鼓勵寶寶用手、刷子、塑膠抹刀或塑料勺探索刮鬍膏。
・**吹氣裝水瓶子**：將寶特瓶和玻璃瓶裝入不同水位的水。將空氣吹入瓶子中。根據水位和瓶子類型，能夠聽到不同的音調。
・**香麵條玩法**：製作一批麵條，然後將這批麵條分裝到幾個不同的容器。在每個容器中添加幾滴不同的精油，讓您的孩子開始嗅聞！
・**香氣瓶**：在容器中添加不同的東西，如橙皮、香料、咖啡，讓寶寶聞一聞！在Scarborough fair這首歌中，提到Parsley香芹、Sage鼠尾草、Rosemary迷迭香、Thyme百里香，可到食品材料行買這些香草調味罐，分別分裝在有洞的小瓶中及茶包中，可用手帕或眼罩遮住孩子的眼來增加嗅覺敏感度，讓孩子聞聞配對相同的味道。

圖二十五：
Scarborough fair歌曲中提到香草

圖二十六：
將香草分裝入有洞的瓶子及茶包中，玩嗅覺配對遊戲。

Scarborough fair音樂

親子瑜珈

相較於按摩，嬰兒瑜珈同樣也強調親子間的親密互動，不同之處在於帶著孩子做動作，如前傾、後仰、左右移動、搖晃及旋轉……等，皆能增加前庭刺激，除了七感的刺激，音樂也很重要，記得隨著音樂自己哼唱，因為語言會干擾大腦對音樂的接收，所以只要用啦啦啦或嗚嗚嗚就好，不用唱歌詞。

第一式：飛機式

搭配歌曲：造飛機。

動作：家長坐在床上，雙膝屈膝上舉，讓寶寶趴坐在家長的小腿上。家長雙手支持寶寶的腋下，將雙腳緩慢上舉和放下進行數次，搭配音樂上下擺動。

功能：增加寶寶的前庭平衡發展。

造飛機音樂

圖二十七：飛機式示範

第二式：騎馬式

示範歌曲：See the pony galloping。

動作：家長坐在地面，雙腿伸直，寶寶可面對或背對家長，坐在家長的大腿上，隨著音樂前後、左右、旋轉、上下搖晃大腿讓寶寶感受騎馬的樂趣。

警語：寶寶頭部尚未穩固前，動作盡量輕柔緩慢，可將影片中的小拍換成大拍，讓搖晃的速度變慢。

功能：刺激七感，讓家長成為主角，經常與寶寶一對一活動。

音樂：
see the pony galloping

騎馬式示範影片

第三式：照鏡子式

示範歌曲：Row row row your boat

動作：家長與寶寶面對面，藉由音樂與寶寶手拉手、左右前後搖擺、划船、拍手，若寶寶較大時，也可以讓寶寶像照鏡子一樣，互相模仿對方的動作。

 音樂：划船歌

 音樂：
row row row
your boat

 照鏡子式
示範影片

　　功能：這些肢體的碰觸，可增強免疫系統，對抗憂鬱，互相情感的連結，增強大腦的刺激，減少疼痛，對健康有大大的好處。新生嬰兒的大腦需要很多的刺激，就像森林裡的小路，走動越多，路就會越清晰，如果很少有人走動，就容易長雜草，久了就不容易找到小路，有時間打開音樂，多跟寶寶互動，保持腦中神經元不斷連結。

嬰幼兒體適能

Tummy time（趴臥時間）讓寶寶躺在家長的肚子、大腿或床上、瑜珈球上，使用玩具或聲音吸引寶寶的目光，手放在寶寶的背上拍打節拍，家長跟著音樂唱或清唱。

音樂：
waltz music

Tummy time
示範影片

華爾滋的音樂是TRIPLE拍（慢板三分拍）的，他的輕柔緩緩很適合當搖籃曲或媽媽抱著寶寶隨著音樂輕輕擺動身體，有別於兒歌的DUPLE拍，可以給予寶寶不同節拍及多元曲風的刺激。打節拍時別忘了隨著前面小拍，後面大拍1-2-3的節拍畫圓。請參考示範影片。

舞蹈：

音樂：爵士樂。

爵士樂是Swing節拍，長—短，長—短，長—短，這樣特殊的節拍，是兒歌之外不同的體驗，適合家長抱著寶寶一起共舞，沒有特定舞步，只要抱著寶寶依前、後、左、右及旋轉不同方位，盡情搖擺就好，藉由身體的擺動，讓寶寶感受長短節拍的不同。

音樂：
Swing Jazz music

球類運動：

示範歌曲：康定情歌。

藉由球讓寶寶感受節拍的長短、空間變化及接合。因為兒歌幾乎都是Major scale（大調），而康定情歌是屬於Minor scale（小調），這首是四川民謠，可讓寶寶嘗試多元文化的曲風。各國的語言發音方式都不同，例如：西班牙文中很多彈舌音，當寶寶第一次聽到會覺得新鮮好玩，在不斷的聆聽後，會嘗試發音模仿。因為語言的關鍵期，寶寶很容易掌握發音的訣竅，各國民謠中也都包含豐富的文化元素，在歌詞意境中，可以了解文化傳承的脈絡，讓下一代藉由意境，了解過去的文化。所以藉由不同語言、不同文化的多元歌曲刺激，寶寶的大腦不斷地接收新奇、不同的刺激，這樣多元的刺激，會讓寶寶的大腦一直轉個不停。

動作：讓寶寶坐在大球上，前一後，左一右，隨著節拍推動球或讓球在孩子身上隨著節拍滾動，球不只是協調的傳接遊戲，還可以讓孩子看見節拍，學習到節拍、空間及時間的概念。球在身上滾動，手推動球往前、後、左、右方向移動，拍球、媽媽和寶寶面對面互推球都是親子間好玩的活動。

音樂：康定情歌

球類運動
示範影片

髒兮兮遊戲（Messy play）

Messy Play遊戲前5大準備：

1. 準備多元化及安全的素材，使用不易破損的材質，活動前檢視物料是否完好。年紀小的，可盡量運用食物當材料，依不同年齡層可食用食物為優先，寶寶用餐後，可留一些食物讓孩子玩。
2. 選用無毒、可水洗顏料。
3. 準備足夠和安全的空間，不一定要很大，足夠便可，重點是沒有阻礙物、危險物或尖銳物。
4. 在就近區域安排可簡單清潔的角落，例如：後院、陽台、浴室……等，活動後可立刻處理髒污。
5. 在家進行Messy Play，可預先鋪設墊子或防水布，活動後包好再進行清潔，縮短清潔時間。

手指膏手腳作畫

材料：火龍果、芒果、蒸熟紫色或黃色地瓜、菠菜。

玩法：

- 以上食材分別加入2湯匙牛奶，放入果汁機或調理機打成泥狀或糊狀。

- 在小鍋中將在來米粉（0.5杯）加水（1.5杯）調勻，開小火加熱粉漿，在過程中要不斷攪拌，當水分逐漸消失，粉漿變得濃稠、有黏性、略成白色時，即馬上關火。
- 將粉漿平均分配到裝有食材染料的小碗中，攪拌均勻即可。
- 懶人版：市售寶寶米糊＋果汁，就可以玩。
- 食用色素版：到食品材料行買食用色素調色是簡便的方法之一，但因寶寶會邊玩邊放入口中探索，食用色素有導致孩童注意力不集中、過動、學習障礙、自制力差……等問題，所以建議等孩子大一點再嘗試或大人在旁陪伴，以減少誤食的機會。

天然手指膏
製作方法

食用色素手
指膏作法

關於觸覺書：

　　提供孩子不同觸覺的刺激，卻又不想把家裡弄得髒兮兮，感覺統合類的厚頁書是一個還不錯的選擇，顧名思義較著重寶寶的感覺統合能力培養，可讓寶寶感受不同觸覺的刺激，翻書的同時，也可訓練寶寶的小肌肉發展。二歲前的幼兒依靠觸覺來認識世界和了解物品的性質，也依靠觸覺實現與母親身體的接觸，建立良好的依戀關係。嬰兒看到東西都會放入口中嘗試，幼兒則會放在手中擺弄，觸覺書可以以

指物命名的方式來帶領寶寶認識萬物，讓孩子摸摸不同的物品與不同的觸感，不只認知發展，語言能力，多元的觸覺刺激會比只有紙張要豐富得多了。JY books 的音檔，讓寶寶在玩書之餘，與音樂做連結，讀完書後，可以播放音檔，隨著音樂，在音樂中繼續指物命名，這樣一而再、再而三的刺激後，這些音樂就會輸入寶寶的大腦，假以時日，您就會看到成果，而在成果之前，您會看到寶寶很快樂。

果凍中解救動物

推薦書籍：《Animals—Baby touch and feel》DK出版社

　　　　　　（J Y books CD）

　　這是DK出版社的一系列Baby touch and feel的感統書，透過這本暢銷的厚頁書，孩子能認識多種動物，並鼓勵小手指進行探索，有助於發展精細運動技能，同時建立早期語言基礎。書中充滿了動物的照片，可以觸摸不同動物的觸感，例如：犀牛及鱷魚皮，獅子及企鵝不同觸感的毛，動物的大小非常適合小手。它的軟墊封面可以承受咬和扔，而其堅固的厚頁不會撕裂。寶寶可以在觸摸頁面上的新奇質感，同時認識動物和動物的叫聲。每頁都包含大文字標籤，有錫箔紙或閃光效果可供觀看。這些安全而新穎的質感會引起嬰兒的興趣，並且非常適合小手指去感受。嬰兒觸摸和感覺系列鼓勵感官發展、語言技能和早期閱讀技能。

如何做：

・先帶領孩子親子共讀，把寶寶抱在懷裡，手指著圖片說：「這是海星有五隻腳」，大約重複3次後，帶著寶寶的手去觸摸海星的顆粒觸感，摸五隻腳的同時數1-5，可再重複「海星1-5隻腳 或starfish one to five long legs」。整本書讀完後，這時寶寶已經對書本內容有概念了，準備好JY books CD，按下播放鍵，就可以準備進行感統遊戲了，邊玩邊聽。

玩法：

前一天先準備好：

・將吉利丁粉倒入3倍量的冷水中溶解，攪拌均勻並小火加熱

・倒入模具或碗中，倒快滿後放入動物，最後放入冰箱冷藏。

・讀完書後，自冷藏室取出前一天冷藏的果凍。

・待凝固成型

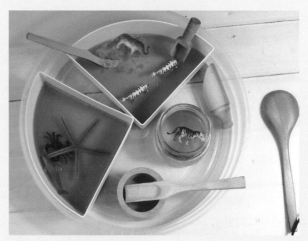

圖二十八：果凍中解救動物

後，讓寶寶以手挖掘果凍，解救動物。

・解救動物時，邊玩邊教導該動物的名稱、顏色、叫聲或其他特性。

・一邊玩耍，一邊播放JY books CD，在有音樂的狀況下玩耍，不只耳朵舒服，還同時學習英文。

冰塊中解救企鵝

推薦書籍：《Wild animals Baby touch and feel》DK出版社
　　　　　（JY books CD）

玩法：

前一天先準備好：

・製冰模具中加入
　飲用水，放入企
　鵝，最後放入冷
　凍庫。

・進行親子共讀，
　讀完書後，自冷
　凍室取出。

・提供各式各樣的
　工具，讓寶寶自

圖二十九：冰塊中解救企鵝

由探索，利用各種工具解救冰凍的企鵝，例如：木製槌子敲打
冰塊、溫水溶解冰塊、湯匙、吸管、擀麵棍等。
‧可在溶解的冰中加入食鹽，看看會有什麼反應。

非牛頓流體遊戲——車子行駛水陸間
推薦書籍：《Truck》（Baby touch and feel）DK出版社＋
　　　　　（JY books CD）
　　　　　《My car》作者Barton Byron＋（JY books CD）
《My car》繪本介紹：山姆開車從他在鄉下的家穿過熙熙攘攘的
世界，到達他在城市的工作地點。

圖三十：車子行駛水陸間

玩法：

進行親子共讀，讀完書後將——

- 玉米粉＋水以3:2比例，放入大盆中，先讓孩子體驗液體與固體之間的轉換。

- 發揮想像力，擺放玩具或花草……等，座車行經時會看到的景物。

- 說明：玉米粉＋以水3:2比例＝歐不裂（Oobleck）非牛頓流體，不同於一般液體，特別的記憶效應，受到壓力時，會暫時變固體，一鬆手會再變回液體，這種液體與固體之間轉換很適合玩車子主題的遊戲，陸路和水路可讓孩子發揮想像力，創造旅途沿路的風景與擺設。

彩色鹽雕畫

推薦書籍：《Rain》《雨》、《Color Zoo》《彩色的動物園》
　　　　　《White Rabbit's Color Book》《白兔的顏色書》

推薦書籍：《Rain》《雨》作者Robert Kalan＋（JY books CD）

　　藍天、黃色的太陽、白雲，然後突然間烏雲密佈，灰色的天空、雨，最後是彩虹。Rain使用大膽的圖形和簡潔的文字來探索天氣、顏色和不斷變化的景觀等概念。

推薦書籍：《Color Zoo》《彩色的動物園》作者Lois Ehlert＋
（JY books CD）

《Color Zoo》這本小書，可以讓家中小寶貝透過動物園裡經常看到的小動物如：小老鼠、獅子、小羊、小猴子，來學習不同形狀的名稱，透過形狀的堆疊所呈現的動物形象，培養小朋友想像力，並進而學習抽象思考，讓你與你的寶貝一起探索不同顏色、不同形狀與不同動物。

推薦書籍：《White Rabbit's Color Book》《白兔的顏色書》
作者Alan Baker

白兔走進一桶黃色油漆，很快的小兔子就從一個桶子跳到另一個桶子，學習所有關於顏色以及它們如何混色的知識。這是一本教導顏色及混色的書籍，藉由書籍的引導，讓寶寶實際體驗混色遊戲的樂趣。

圖三十一：彩色鹽雕畫

玩法：

鹽是能快速取代沙子的一種選擇，對於幼兒而言，萬一不慎食入，也相對安全的食材，因為鹽是白色又能吸水，所以也可以在鹽雕上自由上色、塑形，提供多層次的玩法，搭配顏色繪本的主題。

1. 將水倒入鹽巴內，用小湯匙攪拌均勻，水量適中，可以像沙子一樣塑形就好。
2. 將鹽巴倒入塑膠模型中，像玩沙子一樣用鹽將模型充滿壓實，再倒出來。
3. 將水與食用色素調勻，調成著色水備用。
4. 鹽沙被塑形之後，可以在上頭用滴管或湯匙著色。

冷靜瓶

推薦書籍：《How do you feel》《你感覺如何呢？》
　　　　　作者Anthony Brown＋（JY books CD）

你感覺如何？有時你感到快樂，有時感到悲傷。有時你會感到好奇，但隨之而來的可能是快樂或驚訝。當然，你偶爾也會感到無聊或孤單。安東尼‧布朗用簡潔的文字和簡單的圖形插圖，利用洞察力和幽默感，透過探索來安撫孩子們的情緒。

冷靜瓶製作：

‧水加食用色素攪拌成食用色素水，找個寶特空瓶，倒入2/3的

食用色素水及1/3的膠水，再倒點
金蔥及小飾品。

・當孩子情緒不佳時，讓孩子玩玩冷
　靜瓶，看著水膠分離及金蔥沉澱
　的過程轉移注意力，安撫情緒。

圖三十二：冷靜瓶

感官袋

推薦書籍：《If you're a robot and
you know it》《如果你是機器人，你也知
道》作者David Carter

　　暢銷書作者大衛・卡特（David Carter）為這首經典兒歌帶來
了深受喜愛的機器人，如果你是機器人並且你知道它，請拍手，跳躍
並發出嘟嘟聲，四處飛行，從眼睛中發射雷射光束！這是《If you're
happy and you know it 如果你很快樂，你也知道》歌曲的經典版
本。跟著充滿活力的音樂機器人演唱歌曲，一起跟機器人角色經歷的
所有互動動作，從拍手到從眼睛射出激光束。

感官袋製作：

・以酒精擦掉密封袋上的廣告或圖案。
・黑色簽字筆描繪機器人，為防止沾污，可在機器人上貼透明膠
　帶。

- 密封袋中加水及食用油（2:1比例），再加入喜歡的食用色素顏色（可省略）。
- 加入鈕扣及眼睛，一邊播音樂，一邊將鈕扣移入機器人的關節中，也可以用其他配件裝飾機器人喔。

圖三十三：機器人感官袋

《If you're a robot and you know it》音檔

3-5歲

七感英閱遊戲

1. 主題：Seed種子

繪本：《The carrot seed》《胡蘿蔔種子》

作者：Ruth Krauss（JY 版CD）

繪本簡介：

這是一本歷經75年考驗的繪本，簡單素淨的顏色，簡潔有力的內容，傳達讓生命茁壯的「等待」價值及不輕易「放棄」的堅持，簡潔的文字，重複性高的句型，卻能完整呈現故事的趣味，讓人回味無窮。簡單朗讀後，再搭配JY books的朗讀CD，孩子很快就會朗朗上口。

故事是這樣開始的：

小男孩在泥土裡撒下了胡蘿蔔的種子，爸爸、媽媽和哥哥都覺得，這小種子不會發芽，但是，小男孩每天都幫小種子澆水（sprinkle the ground with water），拔草（pull up the weeds），直到有一天，一根巨大的胡蘿蔔真的長出來了。藉由這本簡潔的繪本，依不同年齡層，設計不同的感覺統合遊戲。

遊戲：

1.奇亞籽種子史萊姆（Chia seed slime）

玩法：

- 將奇亞籽種子倒入1/4滿的杯中，再倒滿飲用水、果汁（火龍果汁或奇異果汁……等有顏色果汁）或食用色素攪拌的水，攪拌後杯口封上保鮮膜，放入冰箱中一天。
- 進階版：可於隔天從冰箱取出後，加入3到4杯的玉米粉攪拌。
- 奇亞籽史萊姆擁有滑溜觸感及帶有愛玉香氣，可以帶給孩子奇特的觸感及嗅覺刺激，可以讓孩子聞一聞、摸一摸、嚐一嚐，不只手、腳、臉，甚至全身。

2. 種胡蘿蔔種子（Planting a carrot seed）
- 切掉胡蘿蔔頭的部分（頭留約2-3公分，留下葉子的部分），放在舖層棉花的淺盤上，加點水讓棉花濕透，然後放在照得到陽光的室內角落，要常保持棉花潮濕。
- 帶孩子到園藝店買胡蘿蔔種子，讓孩子將種子種在土裡，每天帶他除雜草、澆水，模仿故事中的情節，期待胡蘿蔔種子一天一天長大。

圖三十四：奇亞籽種子史萊姆

2. 主題：Bear hunt 探險

繪本：《We're going on a bear hunt》《我們一起去抓熊》

作者：Michael Rosen

在讀完Michael Rosen的《我們一起去抓熊》繪本後，可在家中和寶寶一起營造故事中的情境，來一趟用腳操作的sensory walk，腳的感官刺激通常比手來得少，根據日本的研究，因為控制腿部運動的腦部區域離腦部中心部分非常近，因此腳底按摩能對腦部傳達刺激，促使腦部的血液流動與機能活化。所以，除了幫寶寶腳底按摩外，讓孩子的腳能有不同觸覺的刺激，利用閱讀故事的情境，一起跟孩子展開一場冒險旅程，讓sensory walk更豐富、更好玩。可在後院或公園進行情境探險喔！

遊戲：

1. 草地場景（Grass scene）：在花園中拔些野草、葉子，打造草地場景。

2. 河流場景（River scene）：直接使用一盆水當河流，或利用低窪處的積水即可。

3. 泥巴場景（Mud scene）：泥巴加些水，製作成爛泥巴。

4. 森林場景（dark forest）：收集一些樹枝和木材，散落在地上，讓孩子體驗走在凹凸不平的樹枝或石頭上，或利用低垂

圖三十五：足部感官探險

圖三十六：手部感官探險

的樹枝，跟孩子一起彎身穿過茂密的森林，磕磕碰碰的探索森林。

5. 雪地場景（Snow）：使用麵粉模擬雪的觸感。

6. 山洞場景（Cave）：擺放兩張椅子，兩張椅子中間空一個人可行走的距離，椅子上鋪上一張毯子或紙箱當成山洞，公園則利用溜滑梯來當山洞。

7. 將以上場景直接鋪放地上或各放入淺盤中。

8. 媽媽可帶著孩子一關一關去探險，爸爸可當山洞裡的熊，凶狠的追逐孩子，來趟驚心動魄的實際故事冒險。

9. 手部的感官探險之旅：使用雜草（草）、樹枝（森林）、河流（小容器裝水）黏土（泥巴）、雪（小蘇打粉加一點點水，搓一搓）、山洞（裁剪一段廚房紙巾紙管），讓手指來趟冒險之旅吧！

手部感官探險

3. 主題：Spaghetti義大利麵

繪本：《The very hungry caterpillar》《好餓的毛毛蟲》

作者：Eric Carle

故事是這樣開始的：

月光下，一顆小小的蛋躺在葉子上，星期天早上，小毛毛蟲從蛋裡爬出來了，牠要去找東西吃，星期一，牠吃了一顆蘋果，星期二，吃了二個梨子……在吃了各式各樣的食物後，毛毛蟲變得又肥又大，牠造了一間房子，叫做繭，最後破繭而出，變成一隻漂亮的蝴蝶。

這是艾瑞‧卡爾在1969年出版的繪本，全世界銷售數量超過五千萬本，他獨特的拼貼畫美學，從打孔機而來的靈感，每一頁食物都像是被蟲吃過所留下來的洞，成為親子閱讀時與書互動的巧妙設計，書中包含數量、食物、毛毛蟲生命週期，是一本簡單、好玩，可以讓親子一玩再玩的經典童書。

遊戲：義大利麵

準備材料：螺旋形彩色義大利麵（乾的或煮過的），水果、點心或食物皆可，繪本中出現的或家中現有的食材均可。

The very hungry caterpillar song

遊戲1：可依食材種類或顏色分類，提供不同工具讓孩子選擇。

圖三十七：義大利麵分類遊戲

遊戲2：麵麵相串。

延伸遊戲：義大利麵串義大利麵

準備材料：管狀及長條形義大利麵、棉花糖。

玩法：

・將長條形麵穿入管狀麵中，看看可以串幾個。

・以棉花糖及長條形麵搭建幾何圖形，看誰搭的最壯觀。

圖三十八：麵麵相串及積麵成塔

4. 主題：Moon月亮

圖三十九：月砂

繪本：《Monster Monster》《有怪獸，有怪獸》

作者：Melanie Walsh＋（JY books 有聲書）

故事是這樣開始的：

小朋友，我們來找找怪獸，誰是怪獸呢?海盜說他不是，護士也說她不是，小老鼠、牛仔、太空人⋯⋯通通都不是怪獸，那誰是怪獸呢? 最後，真的怪獸出現了，怪獸的樣子雖然奇怪，但很可愛，而且

是一個肚子好餓好餓的怪獸喔！藉由捉迷藏的遊戲，讓繪本充滿趣味性也具有學習英文的效果。每一頁都有讓你誤以為是怪獸的造型人物出現，翻開後，卻出現完全不一樣的人物。搭配有聲CD，小朋友的唸誦與歌唱更增添了繪本的活潑度，是一本好玩好聽的學習操作書。

繪本：《Papa, Please Get The Moon For Me》
　　　《爸爸，我要月亮》
作者：Eric Carle ＋（MOONJIN MEDIA有聲書）
繪本介紹：本書Papa, Please Get The Moon For Me《爸爸，我要月亮》成功將艾瑞‧卡爾的拼貼色塊發揮淋漓盡致。書中將主題月亮採用不同一般圖畫書的設計效果，讓讀者再次驚艷！月亮變得好大好大……爸爸摘得到嗎？

繪本：Campbell《Astronauts》《太空人》英文厚頁拉拉書

繪本：《I want to be an Astronaut》《我想當太空人》
作者：Byron Barton
繪本介紹：這兩本書都可以一窺太空人的生活。體驗零重力的太空生活，進行太空漫步，甚至修理衛星，……然後返回地球。

繪本：《Happy Birthday, Moon》《月亮，生日快樂》

作者：Frank Asch＋（JY books 有聲書）

繪本介紹：小熊千里迢迢要送帽子給月亮當生日禮物，不料帽子卻被風吹走了，沒想到他聽到月亮對他說：「生日快樂！」

遊戲：月砂

嬰兒版：6個月-3歲

準備材料：麵粉、植物油或沙拉油少許、食用色素（可省略）。

作法：以上材料攪拌，再擺上跟月球有關的玩具或圖片即可。

幼兒版：3歲-5歲

準備材料：地瓜粉1/2杯、太白粉1/4杯、黑灰色粉筆1根、植物油1.5大匙、鐵製濾網、 亮粉1-2小匙（可省略）。

做法：

1. 先將地瓜粉跟太白粉攪拌均勻，再將粉筆用濾網刮成粉末狀加入。

2. 植物油加入粉中，混合搓揉，可適當加入亮粉，增加閃亮太空質感，可使用油性食用色素來調色。

3. 擺設跟月球有關的玩具或圖片即可。

4. 按下CD播放鍵。

5. 主題：Ocean藍色海洋

繪本：《 Hooray for fish》《魚魚萬歲》

作者：Lucy Cousins ＋（JY books CD）

故事是這樣開始的：

小魚兒邀請你認識牠的海底朋友們，有Stripy條紋、Happy快樂、Grumpy生氣、Hairy毛茸茸、Scary可怕的魚。每隻魚長得都不同，小朋友快來數一數有幾隻魚?跟小魚兒一起開心地跟牠海底的好朋友一起玩耍，Lucy Cousins的作品，大尺寸的跨頁，鮮豔的畫風，將海底世界及充滿想像力的魚群朋友一一呈現在讀者眼前，簡潔的文字，搭配朗朗上口的音樂，讓親子悠游海底世界中。

繪本：《I'm the biggest thing in the ocean》《海裡我最大》

作者：Kevin Sherry

繪本介紹：深海大魷魚一直認為自己最大，游到蝦子、螃蟹、水母的身旁，牠很高興自己的體積比較大，看到了鯊魚，牠心虛了一下……還是堅持小小聲的說……「I am bigger than that shark...」。

喔喔！一不留意……魷魚被吞進了鯊魚的肚子裡，喔喔！超級自戀的魷魚，超乎意外的結局。

繪本：《One lonely fish》《一隻寂寞的魚》

作者：Andy Mansfield & Thomas Flintham

繪本介紹：一隻寂寞的小魚，二隻魚，三隻魚，四隻魚……九隻魚。突然，這些小魚被一個大圈圈圍住了，這是甚麼呢?一個超吸睛的數數故事，一定能抓住小小孩眼光。

遊戲：海洋感官盆

做法：

1. 夾鏈袋放入想要的米量，加入食用色素。

2. 加入一點醋，為了定色。

3. 請孩子搓一搓，搖一搖。

4. 視染色狀況與否再加色素，打開袋口通風乾燥，隔天就可以開始玩了。

5. 擺上繪本中的海洋生物，利用各種工具玩沙或玩米，一邊聽繪本有聲書，一邊在音樂中複習及創造自己的故事情境。

圖四十：rice sensory play (ocean). 海洋感官盆

6. 主題：Water & Boat 船

繪本：《Mr. gumpy's outing》《甘伯伯去遊河》

作者：John Burningham ＋（JY books CD）

繪本介紹：和甘伯伯去遊河故事是這樣開始的⋯⋯

甘伯伯有一艘木船，他的家就在河旁邊。有一天，在遊河的時候，遇見了二個小朋友、兔子、貓咪、狗、豬、綿羊、雞、牛、山羊⋯⋯，大家全都要求要一起遊河，甘伯伯給了上船的條件，大夥都同意也紛紛上了船，起初，大家都很安份守己，但不久之後，船上開始一片混亂，這些乘客都忘了坐船的規矩，船也翻了過去，大家都掉到河裡。大夥一起游上岸，一起在草原上曬太陽，甘伯伯請大家到他家做客，並且訂定下次的遊河約定──在翻船之後，甘伯伯沒有責罵任何的人或動物，反倒是趕快讓大家上岸且將濕淋淋的身體曬乾，還請大夥喝茶吃點心，也因為大夥安靜的享受下午茶，沒有再破壞和諧的氣氛，甘伯伯就給了再次的獎勵⋯⋯

遊戲：

· 將洗碗海綿或泡棉磚及彩麗皮，剪裁成適當船隻及風帆大小。

· 以牙籤穿過彩麗皮，再固定於泡棉磚上，船就完成了。

· 將船隻放入水盆中，可試試看模仿故事情節放塑膠動物模型在船隻上，看看會不會翻船。

·可將游泳用救生泡棉切半，比賽船隻溜滑梯，看誰第一名。

圖四十一：水的感官盆

7. 主題：Color顏色

繪本：《Dog's colorful day》《狗狗彩色的一天》

作者：Emma Dodd

繪本介紹：各種顏色點綴到狗狗身上，這是一本認識顏色及數數的繪本。

遊戲：

- 分別在裝水的容器中攪拌紅、黃、藍色食用色素或其他顏色，再分別倒入3個不同的球形冰磚容器，再放入冷凍庫。（球型冰磚較易滾動，若無，方形製冰盒也能使用）。

- 將鹽分別放入3個夾鏈袋中，在3個夾鏈袋中分別放入紅、黃、藍色粉筆或其他顏色粉筆屑（手拿粉筆在鐵濾網上刮出粉筆屑），讓粉筆屑和鹽混合成彩鹽。

- 分別製作紅、黃、藍三色彩鹽後，將彩鹽分別放入感官盆鋪平，將彩色冰球放在彩鹽上，讓孩子滾動冰球，不同顏色冰球與不同顏色彩鹽，會融化成不同顏色水鹽，帶領孩子發現顏色的魔術變化。

- 簡易法：水加不同顏色食用色素，分別倒入方形製冰盒中，冷凍後就可取出讓小朋友拿彩色冰塊在紙上或白布上作畫。

圖四十二：彩鹽混色遊戲

結語：

　　每個新生命的誕生，都是眾人的期待，如果大家都有這樣的基本常識就能保護這個新生命不受到傷害，國家就可減少未來家庭及社會問題的成本支出。當贏在起跑點的關鍵年齡，家長能學習這些腦科學的知識，對於經濟較弱勢的家庭來說，只要掌握一些原則，孩子的未來都不會太辛苦。

　　我期盼這本書能幫助更多的新家庭，無論在預防孩子大腦傷害或讓孩子更聰明上有所助益，也期盼學校、社會及政府都能有這樣的共識，為已經少子化的臺灣，培育出更健康及傑出的下一代。

國家圖書館出版品預行編目（CIP）資料

親子IQ密碼：摸音樂、玩英文 = Boosting IQ with
　music & playing/周家穎著. -- 初版. -- 臺北市：
　華品文創出版股份有限公司, 2024.02
　　面；　公分
　ISBN 978-986-5571-89-4(平裝)

　1.CST: 智商 2.CST: 子女教育 3.CST: 親職教育

528.2　　　　　　　　　　　　　113001663

親子IQ密碼——摸音樂、玩英文
Boosting IQ with music & playing

作者	周家穎
總經理	王承惠
財務長	江美慧
印務統籌	張傳財
業務統籌	龍佩旻
行銷總監	王方群
美術設計	不倒翁創意視覺

出版者　　華品文創出版股份有限公司
　　　　　公司地址：100台北市中正區重慶南路一段57號13樓之1
　　　　　物流地址：221新北市汐止區大同路一段263號9樓
　　　　　讀者服務專線：(02) 2331-7103
　　　　　物流服務專線：(02) 2690-2366
　　　　　http://ccpctw.com
　　　　　E-mail：service.ccpc@msa.hinet.net
總經銷　　大和書報圖書股份有限公司
　　　　　地址：242新北市新莊區五工五路2號
　　　　　電話：(02) 8990-2588
　　　　　傳眞：(02) 2299-7900
印刷　　　卡樂彩色製版印刷有限公司
初版一刷　2024年2月
定價　　　平裝新台幣320元
ISBN　　　978-986-5571-89-4

圖一：躲貓貓遊戲

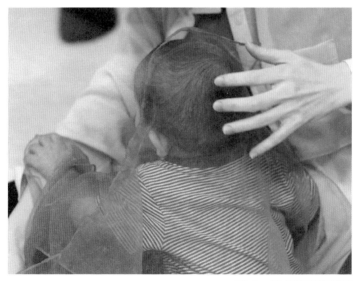

圖二：絲巾蓋頭躲貓貓

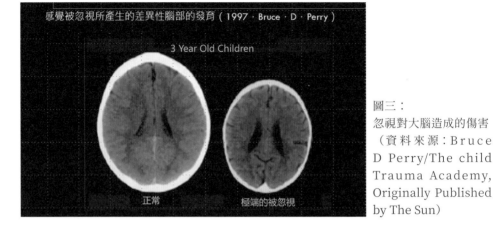

圖三：
忽視對大腦造成的傷害
（資料來源：Bruce
D Perry/The child
Trauma Academy,
Originally Published
by The Sun）

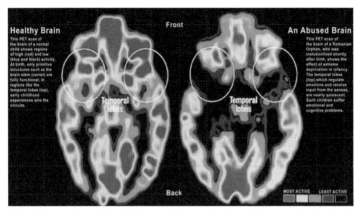

圖四：
羅馬尼亞孤兒（圖右）
與同齡正常孩子（圖
左）大腦比較圖
（圖片來源：Bruce,
D, Perry）

圖五：大腦發育圖
（資料來源：Bruce D Perry-
The Neurosequential Model of
Therapeutics）

圖六：壓力模式
（資料來源：Dr. Bruce Perry –Born
for love-why empathy is essential and
endangered (2017)）

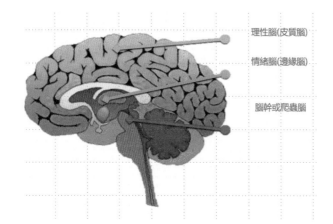

圖七：
情緒腦&理性腦

理性腦(皮質腦)

情緒腦(邊緣腦)

腦幹或爬蟲腦

圖八：
女兒約五歲，兒子約
2歲時開始英文共讀
有聲書

圖九：
女兒清唱 Hey
Diddle Diddle並操
作紙偶

圖十：英文繪本共讀2年後，二寶在玩耍之餘，會自己從書櫃拿出有聲書，
弟弟唱讀，姊姊確認並指導錯誤。

圖十一：藉由故事與孩子互動

圖十三：兒子自己唱讀《Rain》

圖十二：兒子聽懂英文指令並做動作

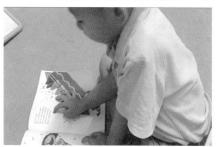

圖十四：兒子自己唱讀《Crayon Talks》

壓力模式

不可預測 極端 持續的	可預測的 緩和的 可控制的
敏感化、脆弱	可忍受的 復原力

圖十五：Dr. Bruce Perry 的壓力模式:右側圖為可復原模式，
左側模式會造成大腦脆弱及敏感化。

圖十六：（資料來源：Preschool Powol packets-preschool Activity &Ideas製作）

成年人富有同情心的心態可以促進對孩子大腦的鎮靜作用，針對孩子的高度敏感性杏仁核

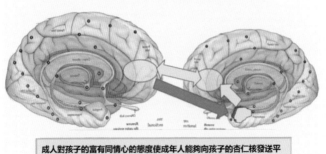

成人對孩子的富有同情心的態度使成年人能夠向孩子的杏仁核發送平靜的非語言信息，促進孩子大腦從防禦到參與的轉換過程

圖十七：（資料來源：Dr. Dan Hughes (How early years trauma affects the brain the child who mistrusts good care HD, 2016)）

圖十八：嬰兒健身房

圖十九：抓抓樂遊戲

圖二十：泡沫／凝膠感官袋

圖二十一：小飛機遊戲

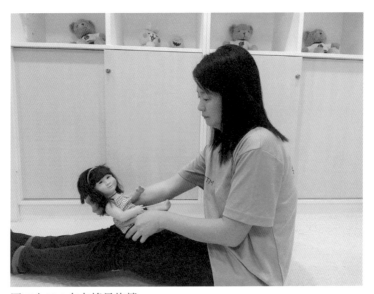

圖二十二：左右搖晃旋轉

圖二十三：
嬰兒感官隧道

圖二十四：感官藏寶籃

圖二十五：Scarborough fair歌曲中提到香草

圖二十六：將香草分裝入有洞
的瓶子及茶包中，玩嗅覺配對
遊戲。

圖二十七：飛機式示範

圖二十八：果凍中解救動物

圖二十九：冰塊中解救企鵝

圖三十：車子行駛水陸間

圖三十一：彩色鹽雕畫

圖三十二：冷靜瓶

圖三十三：機器人感官袋

圖三十四：奇亞籽種子史萊姆

圖三十五：足部感官探險

圖三十六：手部感官探險

圖三十七：義大利麵分類遊戲

圖三十八：麵麵相串及積麵成塔

圖三十九：月砂

圖四十：海洋感官盆

圖四十一：水的感官盆

圖四十二：彩鹽混色遊戲